光文社知恵の森文庫

栢(つげ) いつか

一流のサービスを受ける人になる方法 極(きわみ)

光文社

本書は知恵の森文庫のために書下ろされました。

はじめに

おかげさまで2015年と2018年に刊行しました『一流のサービスを受ける人になる方法』が好評をいただきましたので、この度、ありきたりのおもてなしを超えたその上級編と応用編になる本書『極』を書かせていただく運びとなりました。

これまで、サービス業に関する本は数多くありますが、サービスを受ける側の本はなかったように思います。今回はアドバンスなので、歯に衣着せぬ物言いで、少し辛口になるかもしれません。また、前回は「洋」に関するものが多かったので、今回は『和』について、たくさん紹介させていただきました。

「日本は北に流氷があり南に珊瑚がある珍しい国だ」と、故・C.W.ニコルさんがおっしゃっていましたが、私も世界50カ国以上を回って、数年前に隠岐諸島のプレスツアーに参加した時、あまりの絶景ぶりに、これで私の世界の旅も完結したと感じました。

良いカスタマーであることを、一昔前は「客っぷりがいい」と言い「客気（人の気）

を借りろ」「客力を使え」などという言葉も使っていたようです。

しかし、２０２０年の初めに突如現れた新型コロナウイルス感染症の影響で、緊急事態宣言が発令され、サービスのあり方や、生活様式そのものがガラリと変わってしまいました。しかも、この変化はコロナが終息すれば元に戻るというものではなく、新たな日常＝ニューノーマル時代に突入することになりました。

ＷＩＴＨコロナ時代として、在宅勤務＆オンラインでの打ち合わせや会議が日常化しました。

新しい生活様式になった分、規制は多くなりましたが、リモートで世界とのつながりを感じ、自粛で家族の距離が縮まり、絆が深まった方も多いようです。ワーカホリック気味だった人々が、一旦立ち止まって人生を見直すきっかけにもなりました。それゆえに、一流のサービスの意味合いも今までとは変化してくるように思います。

いつの日も、サービスを提供する側も受ける側も、お互いを思いやり、気持ちよく快適にコミュニケーションできることを願っています。

柘（つげ）いつか

一流のサービスを受ける人になる方法　極　目次

※新型コロナウイルスの影響で、掲載店舗、施設等の内容が取材時と異なる可能性がありますので、予めご了承ください。ご活用の際には、最新情報をインターネットなどでご確認くださいますようお願い致します。

第一章

和の心とおもてなし

最近の日本の風潮について思うこと

私は東京の豊島区立目白小学校の出身です。卒業してから知ったのですが、当たり前のように教えられてきた躾（しつけ）——挨拶やお辞儀、言葉遣い、よそ様にお呼ばれした際の立ち居振る舞い方などが、他校に比べて厳しかったようです。大人になってマナー教室を取材した際、すでに身についていることばかりだったので、驚きました。

私の実家は、多くの大学生がいる下宿屋でしたが、幼馴染（なじ）みには、代々続く山の手の家系が多く、教授や医師、弁護士や官僚などが多く住む地域でしたので、今で言うエリート教育がなされていたのでしょう。〝三つ子の魂百まで〟ではないですが、高校生でドロップアウトした私が、お堅い席できちんと振る舞えるのは、小学校の時の躾のおかげだったと思っています。

礼儀の意味についても教えられました。相手に敬意を持って、きちんと挨拶するのは基本のきで、例えばお辞儀とは、頭を先に下げた方が下の立場だということではなく、お互いを認めて礼を尽くすことが大切だとか（私は「先に挨拶をした方が勝ち」だと考えています）、お招きされたら、招いてくださった方と主催者に感謝を伝えるべく、できるだけ早くお礼を言います。

また、お礼はその時に言えば終わりというのではなく、感謝の気持ちを覚えておいて、次にお会いした時に「あの時はありがとうございました」と言うこと。これができれば、「覚えていてくれているなんて、その場しのぎの言葉だけではなかったんだ」「そんなに喜んでくれていたんだ」と、感謝の気持ちが伝わり、好感度が上がります。

すぐに会えない場合は、手紙や電話で感謝を述べるものですが、デジタル化によって世の中が効率化し、コロナの影響もあって、「対面や電話は無用」という風潮が正当化してきたのは嘆かわしいことです。

また最近の世の中の風潮として、正義を笠に着て正論を振りかざす場面をよく目にします。公平、公正ばかり豪語されると、私などはその不寛容さを窮屈に感じてしまいます。

ルールやシステムは、守るものより、利用するためのものであり、それらに縛られ、やたら新しいものに迎合して、守ればいいものではないような気がします。

実際、セレブほど公私の線引きなくオープンハートで、清濁併せ呑むことも心得ています。お店などでのえこひいきや特別扱い、無償のおもてなしも、このような心持ちからもたらされるのです。それはずるいとか、自慢とか、そういった次元の話ではなく、口が固く秘密を共有できたりするなど、もっと素敵な大人の約束事がもたらすことなのです。

日本人は、ガラパゴスでいい。欧米崇拝主義はもはや廃れました。日本人であることを井の中の蛙と卑下する必要など全然ないのです。私たち日本人は、礼儀正しいだけで世界に十分通用します。

日本を知る外国人から見ると、日本は治安が良くて（置き引きに遭わない。物を失くしても届け出てくれるから、探し物が出てくる。日本はミラクルで、奇跡が起こる国、だそうです）、清潔で、電車も宅配便も時間に正確で、皆が親切で気配りに溢れ、商品の種類も豊富で、選択肢がたくさんあり、各国の料理が楽しめて、施設も充実していて便利だと口々に褒めてくれます。

けれど日本人が控えめで自信がないのは、主義主張を通すことをよしとしない風潮と、あまり褒められて育っていないせいでしょう。

海外では、何も発言しなければ、自分の意見がない、無能な人だと思われてしまいます。忖度(そんたく)や、空気を読むより、自己主張をする方が重要です。

私が20歳でアメリカの叔母を訪ねて滞在していた間、ニューヨークの広告代理店の先輩から、ディベートを学びました。スピーチは、小学校の担任の社会科の先生に鍛(きた)えられていましたが、ユーモアを交えながら、イエス・ノーをはっきりいうというやり方は勉強になりました。

肝心なのはバランスと、周囲の意見に流されず、一本芯を持つことだと思います。

■日本の伝統文化に見る「秘すれば花」のおもてなし

能、狂言、歌舞伎、文楽、落語、講談といった日本の伝統芸能、茶華道や武道といった習い事、漆器や陶器、織物といった伝統工芸品など、日本の伝統文化には、脈々と引き継がれてきた確かな技と価値観、精神世界を含めた独特の美しさがあります。

今回、『一流のサービスを受ける人になる方法』の続編にあたる『極』を執筆するにあたり、様式美や侘び寂び、粋に見る、内側から滲み出る美しさの中に、サービスの極みがあるのではないかと考えました。

昔から母親のように慕っている銀座のクラブのママから「本当のサービスっていうのはね、いかにもサービスしてますってわかっちゃダメなの。後で『ああ、あれって私のためにやってくれてたんだ』って気づかれることなのよ。それってもうサービスを超えた思いやりでしょう?」と教えていただいたことがあります。世阿弥の『風姿花伝』にある「秘すれば花」という言葉を思い出し、だからこの店はいつも、常連客でいっぱいなのだと納得しました。

このような性質のある日本の伝統文化ですから、知れば知るほど面白くなり、深みにハマる人が出てきます。まずは何か一つから始めて、造詣が深くなれば誇りが生まれ、自信が持てるようになります。

とは申せ、いきなり能や文楽などはとっつきにくいので、伝統芸能の中でもエンタメ性の高い、歌舞伎鑑賞などから始められてはいかがでしょう。

出雲阿国(いずものおくに)が京都の四条河原で始めたと言われる歌舞伎は、元は女性だけの集団で、男装をして芝居をしたり、皆で舞を踊ったりと、まるで現代のタカラヅカのようでした。芸を披露した後は、宴席を設けて色も売っていたため、風紀が乱れるとして禁じられ、美少年ばかり集めた「若衆歌舞伎」、さらに「野郎(やろう)歌舞伎」と言われるものに変わります。やがてこれも風紀の乱れが問題になって出演者の年齢層が上がり、人気役者が舞台に立つようになり、徐々に現代の形になっていったというわけです。

歌舞伎は、ほぼ一年中上映されています。初心者はスーパー歌舞伎や、「荒事(あらごと)」と呼ばれるアクション物から観る方が、入りやすいように思います。映画などと違い、あらすじや役者の情報を、ある程度予習していった方が楽しめます。というのも、突拍子も無い展開を見せるストーリーが少なくはないからです。

予習の時間がない時は、劇場にあるイヤホンガイドを借りましょう。あらすじや見どころ、所作の決まり事など、舞台の邪魔にならないように、うまくガイドしてくれるからとてもわかりやすく、勉強になります。

またお試しなら、歌舞伎座には4階席で1幕だけ安価に見られる当日券の販売などもありますので、見てみたい演目や役者を、ピンポイントで狙って行くのもオススメです。

土産物もかなり充実していて、幕間も退屈することがありません。

ちなみに、100年以上の歴史を持つ宝塚歌劇団も、我が国が誇る伝統芸能だと私は思います。花・月・雪・星・宙組の5つの組があり、歌舞伎と同じく、一年中ミュージカル作品が上映されています。入団試験の倍率の高さは東大以上で、毎年合格発表がニュースで報道されるほどです。

合格すると2年間、歌劇団の生徒として、歌に芝居にダンスに日舞にピアノにと、様々なレッスンを受け、卒業すれば各組に配属され、舞台に立つことになります。

舞台は豪華で華やか。歌舞伎の女形が、女性以上に女らしいように、タカラジェンヌによって、理想の男性像が具現化されているので、うっとりと夢の世界に入れます。

どちらも様式美が踏襲されているからこそ贔屓ができ、心が躍るのではないでしょうか。

ちなみに私の自慢は『ベルサイユのばら』のアンドレ役を演じた星組のトップスターとデートしたことです。

日本を代表するパイプメーカー「世界のTSUGE」の四代目は「柘いつか」の名付け親

株式会社柘製作所 代表取締役会長　柘 恭三郎さん

私事で恐縮ですが、本書は、令和への改元に伴い「いつか」から「柘いつか」に改名させていただいてから、初めての本になります。名字をくださった柘恭三郎さんは、もう15年以上、お兄様、奥様、娘さんなどの家族ぐるみのうえに、会社の方々まで応援してくださっている、粋な江戸っ子四代目。１９３６年に浅草で創業された老舗パイプメーカー「柘製作所」の会長で、アジア人で唯一、ドイツの「パイプの騎士」の称号を持ち、ＣＩＰＣ国際パイプクラブ委員会副会長、日本パイプクラブ連盟常任理事、日本根付研究会理事などを兼任されています。

私も東京生まれの三代目なので「（本が）売れるよ！　売れたらいいねぇ！」と、嬉しいエールをくださり、同志として可愛がってくださっています。私は昔から、本当に人に恵まれていて、人生の節目で目上の方から、有形無形の財産やチャンスをいただける運命にあるように思います。

さて、この柘さんは、TVやメディアでも有名人で、私に「おもてなし」が「表裏無しの関係」だと教えてくれた人でもあります。

浅草の『すし若』で「柘」襲名の盃を交わした時、柘さんは、花街を絶やさないようにと、浅草の芸者をあげた後に顔を出してくださり、私たちには手ぬぐいや懐中時計など、粋な旦那の小物を披露してくださいました。その間に他のテーブルからも続々お客さんが挨拶に来て、人脈の広さを感じました。

柘さんは世界中を飛び回っていて、たまに電話をすると「いつかさん、俺今、パリ！」「今、浅草！」と、まるで007のジェームズ・ボンドのようです。かと思うと、南青山のブルーノート東京で行われたロン・カーター（TSUGEパイプの愛用者）のライブでご家族と偶然お会いしたり。面倒見が良くて、柳家小里ん師匠や他にも仲間がたくさんいて、いつも着物姿の旦那衆が、私を安心させてくれます。

今回は柘さんから、粋な着物の粋な着こなしについてご教示いただきます。

一目置かれる〝男の着物〟

洋服だと気楽だけれど、着物を着て様子を売りに行く時、人から見られることを気にするから「身繕い」や「身を整える」って言葉は、着物から来た言葉じゃないかと思うんだ。女性の着物は紐でがんじがらめになるけれど、男は腰の帯一本でピシッと着付けなきゃなんないからね。

昔は「ゾロリの着物」という表現があって、着物も羽織も、床につくほど長めに着付けるから、一見だらしないように見えるけど、帯の位置をしっかり締めれば様になって格好がいい。ただし腰回りがきちんとしていないと、着崩れてどうしようもなくなるんだよ。

今は普段着で着物を着る機会がないから、着る時はお出かけ用。

重い絹地で作った贅沢な着物。ゾロリ感が出ている©國井高保

観劇やなんかの晴れの日に着るもんなんで、とある呉服屋は100万円用意したら一揃い揃えられると言うけど、何もそんなことしなくたって、もっと気楽に、古着屋で買えばいい。最近はいい古着がかなり安く手に入るからね。そうすると、汚れても惜しくないから、気軽に着ていけるようになる。女性でも、着物姿だと周りの扱いが上がるけど、男だったらなおさら一目置かれるからね。

俺の両親や祖父母は「着物なんて一生に二枚あつらえればいい」って言ってたもんだ。親子や兄弟で着回すのが当たり前で、古着屋が街に何軒もあったけど、古着屋がなくなって、着物は高級品になったんだね。着物警察が出て注意してきたり、粋に着物を着こなさなきゃいけないとか、季節に合わせた図柄を選ばなきゃいけないとか、何月だから袷だ、単衣だって縛られることはないんだよ。江戸時代は寒冷期だったから、昔の暦に合わせてたら、今の6月や9月なんて、暑くて袷なんて着ちゃいられないよ。

俺なんか気候の変動に合わせて、単衣を勝手に着ているし、暖房が効いているからと、秋や冬に単衣で出かけることもあるよ。下着をネルの襦袢にすると、単衣でも温かいしね。なり（着物）で行くことが大事なんだよ。

今は化繊の質も上がってるから、ポリエステル１００％の洗濯機で丸洗いできる着物でも、お蚕（絹）に見えるものがたくさんある。デニムの着物なんてのもあるし、雨の日なんかそれで十分だよ。まずは浴衣からでも、着物の足元がスニーカーなんてのでもいいから、とにかく決まりを気にせず、まずは着ることに馴染んで欲しいよな。

浴衣も、夏祭りに着るだけのもんじゃなかったんだよ。昔の映画を観るとわかるけど、みんな浴衣で寝てるんだ。寝巻き用にこしらえたもんじゃなく、祭礼用に作ったもんが、季節が終われば寝巻きになって、古い浴衣は下着になるんだ。さらに古びてくると、それを切って肌着にしたり、おむつにしたりで、最後は雑巾になるって循環がある。だから雑巾を見て「〇年前の浴衣だ」と懐かしむこともあったね。

今は浴衣は夏が終わればしまっちまうけど、一年中着ていいし、着潰してしまうものだったんだ。例えば浴衣で踊りの稽古をして、上に何か羽織って飯食いに行くとかね。

江戸風のこだわりとは？

ちなみに俺のこだわりは、洋服用の下着の上に、着物を着ていることだ。着物だからって和装用の襦袢だなんだと決め事を作ると、着るのが面倒になるから。色々な決まりは決まりであってもいいけれど、もっともっと自由でいいと思うよ。

ただし俺は東京の下町で育ってるから、江戸風と上方風の違いがあると、江戸風を守るようにしている。わかりやすいのが下駄の形で、江戸風の下駄は四角くて、鼻緒のつぼ下りが前の方についてて、つっかけて歩くって感じだけど、上方の下駄は丸みがあって、鼻緒が長くて後ろの方までついてるから、足の裏に吸い付く感じ。どっちが歩き易いかって言ったら上方風で、女房なんて、「京都に出張に行ったら下駄買って来て」なんて頼んでくるんだけど、俺はたとえ履きにくくっても、江戸風を守ってる。「見栄と意気地とやせ我慢」ってのが江戸の男の粋だからね。江戸風の、先輩たちが着てた着物を継承したいんだ。

江戸っ子の基本は四枚こはぜの足袋だけれど、俺は二枚こはぜも持ってんだ。「座敷足袋」っていって、芸者をあげる時なんかに懐に入れてって、料亭の玄関に入ったら四枚から二枚に履き替えるようにしてる。足袋は汚れるから、そのまま

名字をくださった柘恭三郎さんと

上がるのは野暮(やぼ)ってもんだ。

なんで四枚のまま通さないかって言うと、四枚から四枚だと、番頭や女将は俺が履き替えるとこを見てるが、座敷に来る芸者衆が見てないから、履き替えたことがわかんないだろ？　逆に外で二枚こはぜだと、くるぶしが出てみっともないから履くはずがない。だから芸者が一目見て、「あら、柘さん履き替えたのね。さすが、わかってらっしゃる」って気づいてもらえるよう、男を上げるためにそうすんだ。見栄っ張りだろ？

着物は自由でいいって言ったけど、足袋ぐらいはきちんと合わせて欲しいもんだ。晴れの席には五枚こはぜ、とかね。最近の浅草じゃ、江戸っ子ぶってる若い衆が、二枚こはぜで街を歩いてて粋がっちゃいるけど、あれは間違いでみっともないよ。

襟は抜かない

男の着物姿の場合、女性と違って襟を抜かないから、どうしても襟首が汚れる。そこで浴衣を下着にすると、綿100%だから洗えていいんだ。近頃じゃ男でも襟を抜いてるのがいるけど、ありゃあ母親や彼女に着付けてもらったんだろうな。そもそも父親が着方を知らないんだから。男は襟を抜くもんじゃないんだよ。

ついでに言うと、カップルで着物で浅草に来てるのがいるんで、時々写真を撮ってあげると、正面向いて立っちゃうんだよな。着物は立体裁断じゃないから、正面を向くと平面っぽくなる。歌舞伎の見栄と同じで、斜めに立つと格好いいんで、立ち姿を教えてあげたりすんだ。

手ぬぐいも、使いようによっちゃあ着物のお洒落(しゃれ)を引き立ててくれる。お遊びで、歩くたびにヒラヒラと見え隠れする単衣の着物の前身頃の裾の裏に、手ぬぐいを縫い付けることがある。

商売柄、普段は煙管（キセル）の手ぬぐいを縫い付けてるが、例えば、役者の襲名披露の手ぬぐいを縫い付けておくと、ちらりと裾が翻（ひるがえ）った時に柄が見えるから、芸者なんかは、「襲名披露公演に行かれたんですね」なんてわかってくれる。相撲が始まれば贔屓の力士の手ぬぐいにしたりね。

羽織の裏地や長襦袢を、春画の柄にすることもある。「裏地の美学」って言葉があるが、脱いだ羽織を芸者に渡すと、袖だたみにしてくれるだろ。そんときに気づいて「あら……」って照れるのを、横目で見て愉しむ。やな性格だね。しかし、止められない。

最後に、着物を着た時の裏技を一つ。左右袖の隅それぞれに、5円玉を一枚ずつ入れとくんだ。そうすっと、袖の角がピシッと下がって格好がいい。行き先でお稲荷さんを見つけてお参りしようとした時は、お賽銭にもなるしね。

株式会社柘製作所
東京都台東区寿4-3-6
TEL：03-3845-1221
URL：https://www.tsugepipe.co.jp

似顔絵ポスターの前で

なぜ一流の人間は「験（げん）」を担ぐのか？

木瀬部屋　親方　木村瀬平さん

平成最後の年に催されたある会合で、林家ペー師匠とのトークショーをご依頼いただき、そこで主催者の方から、木瀬（きせ）部屋の木瀬親方をご紹介いただきました。木瀬部屋は、２０２０年の初場所で、初優勝を果たした徳勝龍（とくしょうりゅう）がいる部屋です。幕尻の力士が優勝したことで、大きな話題になりました。

木瀬部屋は、角界で2つ目に大きい部屋で、アットホームな雰囲気のひらけた部屋。女性が土俵に入ることを禁じる部屋もありますが、木瀬部屋ではブルーシートを敷けばＯＫで、ちゃんこ鍋付きの見学ツアーも開催していて、スー女（相撲好きの女性）のリピーターも多いそうです。

勝負へのこだわりから「験を担ぐ」

おかげさまで木瀬部屋も、現在では多くの力士を抱える部屋となりました。ですが、弟子たちには常に謙虚な心を忘れないよう伝えています。力士だから偉い、強いと勘違いしてはいけない。人前に出る時、偉そうな態度で現れてはいけない。力士もまた、人として当たり前の礼節を守ることが大切です。

もうひとつ心がけているのは、他人との垣根や派閥を作らないこと。昔の相撲は真剣勝負への意気込みが強過ぎるあまり「他の力士と喋(しゃべ)ってはいけない」という風潮がありましたが、今は角界も変わってきています。木瀬部屋でも、徳勝龍の優勝は同部屋の力士たちみんなでお祝いしました。ライバル同士とはいえ、土俵を降りてまでお互いを避ける必要はありません。むしろ、交流の中でお互いを高め合うのが現代的なスタイルだと考えています。

現代的と言えば、今は新弟子のスカウトにメールやパソコン、SNSも活用しています。今はこれらのツールでたくさんの情報を伝えられますから、入門に関しては、「実際に見て聞いて、肌で感じてから決めろ」と伝えています。一生を決める重要な決断ですから、なるべく多くの判断材料を与えてあげたいですね。

勝負に対して真剣なのは昔も今も変わりません。真摯（しんし）に稽古に励むのは当然として、生活の中でも常に勝つことを追求しています。勝負へのこだわりのひとつが「験（げん）を担（かつ）ぐ」ことです。力士は古来、実に多くの験担ぎを継承してきました。

たとえば、生活の中で使うテーブル。一般的な家庭では四本足のテーブルが多いかと思いますが、相撲部屋では用いません。手を着いたら負けの力士は、四本足は「両手両足を着いてしまう」ことを示す縁起の悪いものと考えているからです。同様の理由で、ちゃんこの食材としては鶏つくねを好んで食べます。鳥は二本足で立ちますからね。また、鶏肉のつくねは白く丸いことから「白星を取れるように」という願いも込められています。

稽古後の木瀬親方と徳勝龍

角界では産土（うぶすな）信仰も大切にされています。産土信仰とは、生まれた土地の神様とのつながりのこと。簡単に言えば、あなたの故郷にある神社や神様を大切にしなさい、という意味です。また、産土だけではなく、各土地の神仏も大切にします。伊勢神宮や高野山などの有名な寺社はもちろん、地方巡業ではご当地の神社仏閣にお礼参りを行います。これもまた、勝負に懸ける意気込みのひとつです。

「土俵にはお金が埋まっている」という言葉もありますが、あれは「出世すればお金が入ってくるよ」と弟子たちを励ます言葉ですね。実際の土俵には、本場所前日に「勝ち栗」「昆布」「洗米」「スルメ」「塩」「榧（かや）の実」の六品が埋められます。これらは全て神様への供物。この上からさらにお神酒（みき）をかけて、神様に15日間の場所中の無事を祈るのです。

稽古に励むのはもちろんのこと、勝つためにできることは全て行う。そして一切の後悔を残さない状態で本番に挑む。これが験担ぎに臨む力士たちの心構えです。

■験担ぎで自分を整える

プロ野球選手はタコを食べない、というお話があります。野球用語で言うと「タコ」とは凡退のこと。野球選手にとって縁起の悪いこの言葉を、食事の場でも避けているわけです。かつて、武士が漬物を食べる際に一切れ（人斬れ）や三切れ（身切れ＝切腹を連想させる）を避けたという話にも通じます。現代人がホテルやアパートの部屋で「4（死）」を避けて、4号室を作らないのも同じ験担ぎですね。

一流のアスリートの多くも験を担ぎます。なぜなら、彼らはそれが単なる迷信ではないことを知っているから。験担ぎとは「これで成功できる」と自信をつけ、自らをベストな状態に持っていくための大切な儀式なのです。

験担ぎに似た例としては「ルーティーン」があります。野球のイチロー選手がバットを立てる動作、ラグビーの五郎丸選手で話題になった忍者のようなポーズ、体操の内村航平選手が両手を差し出す構えなどが代表的なルーティーンです。元フィギュアスケート選手である浅田真央選手の「必ず左足からリンクに上がる」のように、勝負の場に立つ時の第一歩を大切にする例も多く聞きます。

勝負の世界に生きるのはアスリートだけではありません。噺家（はなしか）も縁起を担いで高座に上がっています。たとえば、噺家の名前などが書かれる「寄席（よせ）文字」。太い筆で、ほとんど紙が埋め尽くされそうに書かれるこの文字には「余白がない＝客席に空きがない」という願いが込められています。また、彼らが座っている座布団も、実は置き方にルールがあります。座布団には四方のうち一辺だけ切れ目（縫い目）のない方向があり、噺家はそこを客席に向けて置く決まりがあります。これにより「布の切れ目がない＝お客さんとの関係が切れない、また来てくれる」という祈りが込められています。

　歌舞伎の「勘亭流（かんていりゅう）」も寄席文字と同じ意味で、余白のないように工夫されています。歌舞伎では演目の文字数にもこだわっていて、たとえば人形浄瑠璃なら「曲輪（くるわ）文章」とされる演目も、歌舞伎では「廓（くるわ）文章」と、同じ「くるわぶんしょう」という読みなのに、違う文字が割り当てられています。これは、演目の文字数を奇数にするための配慮。奇数にすることで「割り切れない＝客席が割れない（空席がない）」という意味を持っています。

木瀬部屋（Facebookページ「木瀬部屋」で検索）
東京都墨田区立川1－16－8
TEL：03－3846－8739

最強のおもてなしは、日本国のパワースポット！

宮内庁　雅楽師　豊剛秋(ぶんのたけあき)さん

最強のおもてなしということで、私が20年以上弟のように大事に思い、おつきあいさせていただいている、宮内庁式部職楽部＝皇居の雅楽師（国家公務員で、重要無形文化財保持者）で、FMラジオのパーソナリティもされている豊剛秋さんをご紹介致しましょう。

豊さんとは、共通の友人の結婚式で会ってからすぐに意気投合し、いつも音楽談義を重ねています。

15歳から本格的な修行を始め、世襲で楽家(がっけ)が占める、平安時代から1000年にわたって宮廷音楽家を務める家系の生まれ。父は鉱物学者、祖父は高校の漢文の教師で、豊さんは39代目になるそうです。平成元年に入門し、正式に雅楽師となったのは平成

7年。雅楽は、知れば知るほど難しく、奥深い世界のようです。世界中を演奏旅行もしている方なので、雅楽だけにとどまらず、クラシックや民族音楽、ビリー・ジョエルにジャズやポップス、ブラックコンテンポラリーまで長けていらして、コレクションの数たるやすごいものがあります！

2019年の春、豊さんが車で皇居を案内してくださるというので、指示通り、皇居の北桔橋門（きたはねばしもん）の前で待っていました。偶然にも前日、天皇陛下が利用された門でしたので、胸が高鳴りました。

賢所（かしこどころ）の入り口や天守閣跡、忠臣蔵で有名な松の廊下跡も見せていただき、桃華楽堂（とうかがくどう）の前で車を止めました。ここでは、雅楽師の方々がクラシックを演奏するそうです。普段は主に、宮内庁楽部庁舎で雅楽の演奏をしており、私も一度、高円

雅楽師は全ての和楽器を奏で舞も学ぶ

宮妃がいらした中で聴かせていただいたことがあります。この日はご自身のお部屋で、ピアノとヴァイオリンと、笙（しょう）の演奏をしていただきました。帰りは皇居グッズが買える売店に寄り、食堂で皇居でしか飲めない御料牧場の牛乳をご馳走（ちそう）していただきました。こんな贅沢したことないと、私のお客様も、出版社の広告部の方も、貴重な体験を喜んでくださいました。お礼に、漫画家の手塚治虫先生の原稿が上がるのを、歴代編集者が待ったというピンク電話のあるスナック、飯田橋の『紅（べに）』で一献（いっこん）傾けました。働く女性の応援団、70代の大久保洋子ママのお店です。

豊さんのおもてなしのモットーは「また、会いたい」と思っていただけるよう全力を尽くすことだそうです。これには私も学ぶ面がありました。心躍り、休まる方なので、末長く、仲良くしていただきたいです。

豊剛秋公式ツイッター
アカウント名：「ブラックレモン」
@kashifvesta039
FM87.4MHzラジオフチューズ「古典と現代の架け橋～ Music bridge ～」
ＵＲＬ：https://radio-fuchues.tokyo/mon2145

笙は鳳凰（ほうおう）が羽を閉じている姿に似ているため、本来は鳳笙（ほうしょう）と呼ばれる

両国の名店が感じる「粋な振る舞い」とは

『江戸蕎麦　ほそ川』店主　細川貴志さん

『江戸蕎麦　ほそ川』の入り口は、高級な料亭を思わせるようなたたずまい。国技館や江戸東京博物館を誇る両国の町と融和して、まるで大人の隠れ家のような落ち着いた雰囲気を漂わせています。さらに、その匠（たくみ）の技は海外にも鳴り響き、連続11年ミシュランの1つ星も獲得しています。

店主の細川貴志さんとは、蕎麦の取材がご縁で、公私ともに親しくさせていただいております。

私がミシュランガイドの発表会に出席するようになったのも、細川さんにお声がけいただいたおかげです。とても話好きの明るい方で、一緒にお酒を飲みに行ってもいつも人気者です。

「蕎麦は三たて」と言うように、挽きたて、打ちたて、茹でたてでいただくのがベストだそうですが、では、蕎麦の正しいいただき方について、細川さんに伺ってみましょう。

美味い蕎麦を食べるために

初めて訪れる蕎麦屋では、まずはその店の蕎麦の味を確かめるべく、せいろを注文することをお勧めするね。蕎麦を途中で噛み切るのは野暮だから、一口ですすれる7本くらいの量を手繰(たぐ)って、何もつけずに食べる。香りも楽しめるよう、恥ずかしがらずに勢いよくズズッと音を立てて。そうすると、口から鼻に香りが抜けるように、蕎麦の香りが広がる。少し噛むと、蕎麦の味が良くわかる。噛み過ぎると喉越しが楽しめなくなるから、飲み込みやすくなる程度に噛むのがいいんじゃないかな。うまい蕎麦はスーッと喉に入っていき、しばらくすると喉の奥から香りが立ち上って来る。この瞬間が醍醐味(だいごみ)だね。

次につゆをつけて食べる。よく、つゆは蕎麦の3分の1しかつけてはいけない、なんて言うけど、あれはつゆが濃い、昔ながらの店の話で、つゆの味は店によって違うから、どのくらいつけるかは自分で加減すればいい。あんまりジャブジャブつけるのは見ていてみっともないから、全部浸けたければさらっとくぐらせるとかね。薬味も、段階をつけて使うと違った味わいが楽しめると思うよ。うちの店じゃネギとわさびをつけるから、まずはつゆにネギを少し入れて食べて、次にワサビを少し入れるというように。最近じゃ「味変」って言うんだっけ。

食べ方は好き好きだけど、それが作法だと伝えるのは違うんじゃないかと思う。蕎麦は懐石じゃないんだから、作法なんて必要ない。自分が言ってるのは、うまい蕎麦を食べるための一つの考え方なだけだから。

蕎麦は挽きたて

うちの蕎麦は、茨城、北海道、四国から仕入れた玄蕎麦（殻がついている状態の実）を低温で保管し、一粒一粒選り分けて、自家製粉している十割蕎麦だ。蕎麦だけじゃなくて、

2011年、取材で初めてお会いした時

うちで出す天ぷらのネタやなんかも全部産地に行って探して、納得したものを頼んで送ってもらってんだ。玄蕎麦も、まとめて挽くんじゃなくて、その日必要な分だけ製粉してる。常に挽きたての蕎麦の味を楽しんで欲しいから。

蕎麦のお代わりを頼んでもらうと、1枚目とは違う種類の蕎麦を出すようにしてる。常連なんかはわかってくれてるから、最初から2枚出して、って言ってくれる。そうすっと、1枚目を食べ終わるちょうどいいタイミングで2枚目を茹で上げるんだ。もうちょっと食べたいって時に間が空くと、白けちゃうからね。蕎麦湯も、うちのはよく「ポタージュみたい」って言われるほど濃厚なんだ。蕎麦を茹でた湯を出すんじゃなくて、うちはわざわざ蕎麦湯を作ってるからね。いつでも同じ濃さの、トロッとした蕎麦湯を出してるよ。

うちにとって良いお客さんってのは「さっと食べて、さっと帰ってくれる人」だよ。出した蕎麦は伸びるばっかりなんだから、とにかく美味いうちに早く食べて欲しい。

とはいえ、蕎麦屋で一杯やりにくるお客さんはゆっくり楽しんでってくれていいんだよ。夜は昼にない料理も数品出してるし。最初にせいろ、寒い日ならかけと一品料理を2、3注文してお酒を楽しみ、仕上げにもう一度せいろで締めて、蕎麦湯でちょっと酔いを冷まして帰っていく。こういうお客さんは「粋だなぁ」って思うね。

江戸蕎麦　ほそ川
東京都墨田区亀沢1-6-5
TEL：03-3626-1125
URL：https://www.edosoba-hosokawa.jp/

「家族を天国へ送って気づいた茶道の心」

遊神堂「ゆるりと茶の湯」主宰　福井宗珠さん

表千家茶道講師の福井珠乃［雅号：宗珠］さんにお会いしたのは、ある文学賞のパーティーで、いつもお茶を点てていらした姿がとても優美で、思わずお声がけしたのが始まりです。〝ゆるりと和やかに楽しめる和文化〟をコンセプトに、ご一緒する皆様が心から和文化を楽しみ、感動と笑顔を届けられるような教室やワークショップ、季節の歳時記に合わせた茶会イベントを開催されています。また、お茶室での茶道教室はじめ、ホテル雅叙園東京エグゼクティブラウンジで、国内外の宿泊客の方々へお抹茶を点ててもてなすことも。お作法重視ではなく、思いやりや出逢いを大切に、テーブルの上で気軽に茶の湯を楽しんでいただける「ゆるりと茶の湯」も主宰されています。

「和敬清寂」と「一期一会」

私の実家は、愛知県一宮市でたくさんのお弟子さんが通う茶道教室で、祖父母が教え、毎年数回自宅で行われる茶会の際は、母が茶懐石や和菓子作りなどの裏方全般をしていました。私も物心ついた頃から、お茶会になるとお茶や和菓子のお運びのお手伝いをしていたように思います。

結婚を機に一時茶道の世界を離れていましたが、そんな折、祖父母と両親の４人を６年の間に立て続けに天国へ送ることになり、衝撃と後悔で胸が苛(さいな)まれました。特に最後に亡くなった母は、まだ50代の若さです。あれをしてあげたかった、こうしたかったと、深い後悔を感じたからこそ、時は戻らないことを、そして心からの喜びを一緒に共有することがどれほどかけがえのない大切な事なのかを、身をもって知ったのです。

この時改めて、茶道の大切な精神である「和敬清寂」と「一期一会」の、本当の意味に気づきました。季節、人、空間や場所などのすべての調和を考え、自然の恵みや相手を敬い感謝し、すべてを清らかに保ち、無駄のない美しさと不動の心、謙

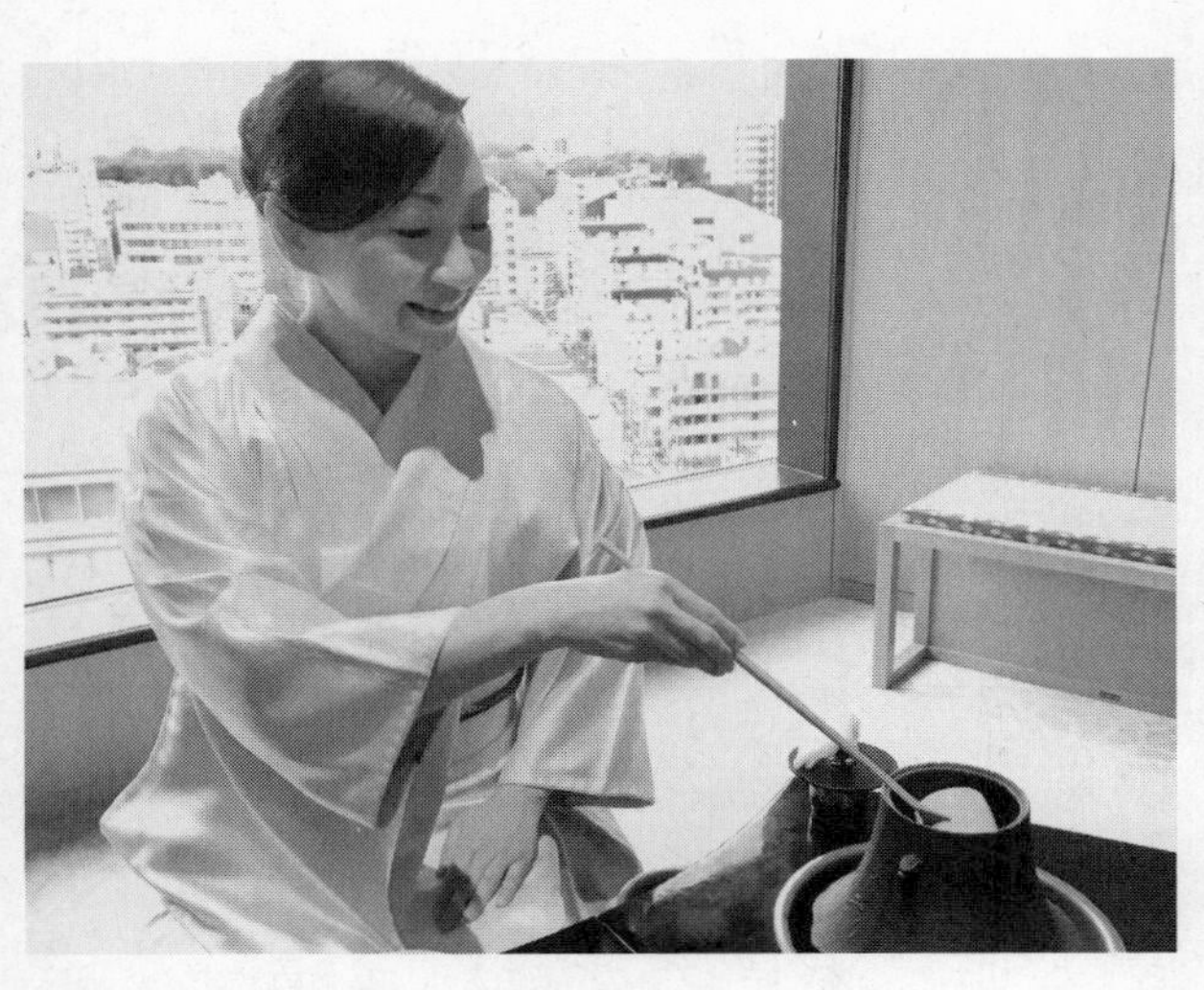

茶の湯アドバイザーを育成し、世界に茶の湯を広めている

虚な気持ちを持つ「和敬清寂」。このひと時は一生に一度きり、二度と戻らない貴重な時間であることを胸に、出逢えた者同士がお互いに誠心誠意心を尽くし、共にその一瞬一瞬の喜びを共有する「一期一会」。

幼い頃から当たり前のように行ってきた茶道のお点前やお作法の、全てに意味があることも実感できるようになりました。外から見れば決まり事が多くて、堅苦しく見える茶道ですが、ただただ順番通りのお点前でお抹茶を点てて、お作法通りにいただくというものではなく、「もてなす側」と「もてなされる側」の、お互いを思いやる気持ちを所作で表した時に、最適な形になっています。**お互いの心の通い合いや、一瞬一瞬の喜びの共有、五感と魂で感じる気づきや学びの幸せが茶道の醍醐味だと思います。**

当時、解体することになった実家の整理を進めていくうち、祖母が絽刺しの日本刺繍をした数々の帯や着物、祖父が愛用していた茶道具などを生かすことは出来ないだろうかと考えるようになり、ちょうどその頃、友人から茶道教室探しのお誘いを受けて、今の師匠に出逢い、再び茶道の世界に入ることになりました。

「ゆるりと茶の湯」を始めたのも、祖父母の遺品の茶釜などの大きな茶道具はお弟子さんたちに形見分けして無かったため、当時手元にあった茶道具で、気軽に茶の湯が楽しめないだろうかという逆転の発想で誕生したものです。

「略点前(お盆点て)」という、お盆の上で茶を点てる略式のお点前はありますが、流派によって作法やお道具の配置が違います。けれど「ゆるりと茶の湯」は流派を問わず、正座の必要もなく、テーブルでどなたでも楽しめるスタイルで、試行錯誤しながら約10年の歳月をかけて確立し、今日に至っております。

「茶は常なり」とは、祖父より教わった言葉です。屋号の『遊神堂』は、神様がいつでもお抹茶を飲みに気軽に遊びに来てくださるように、という思いを込めて祖父が名付けたものを、そのまま引き継ぎました。祖父の教えに感謝し、茶道の心とその思いを日頃より大切にしていきたいと思います。

日常にも生きるお茶の心

日常でもお店を訪れる際は少し早めに到着できるようにして、心を落ちつかせる余裕を持つように心がけ、案内されるまではエントランスや室礼（しつらい）を観賞させていただきます。自分が先にお料理を取るなどの時は、茶道のお作法にもありますように、「お先に」と声をかけること。そして、器などにも興味を持ち、この時間と空間、機会、お料理を五感と心で感じてゆっくりと味わい、素晴らしい！と思ったことはすぐに言葉にしてお伝えするようにしています。

また、ほんの少しの御礼の時間を惜しまないように、感謝の気持ちと綴った御礼状はできる限りすぐに出すようにしています。

映画『日日是好日（ひびこれこうじつ）』では、晩年の樹木希林（ききききりん）さんが演じる茶道の先生の社中役で、私も撮影に参加する機会をいただきました。撮影中、樹木さんが私の目の前で「一期一会」のお話を説かれるという、貴重で運命的な場に居たことは、私の人生にとって意味のある出来事となりました。

様々な経験をして学んだことを少しでも役立てて文化を伝承し、天国の家族に恥じないよう、いつも笑顔で美しい気遣いや立ち居振る舞いができる女性を目指し、これからも精進して参りたいと思います。

茶道は日常のマナーに活かせる事がとても多いので、素敵な時間をぜひたくさんの皆様に、ゆるりと気軽にお楽しみいただきたいと願っております。

遊神堂「ゆるりと茶の湯」
URL：https://www.yururito-chanoyu.com

アンチエイジングのスペシャリストが考えるおもてなし

NPO法人アンチエイジングネットワーク 理事長　塩谷信幸先生

北里大学名誉教授にして、NPO法人アンチエイジングネットワーク 理事長、Dクリニック東京 ウィメンズ名誉院長などを歴任されている塩谷信幸先生に、私が初めてお会いしたのは25年ぐらい前のことです。「美容整形の黄金比」という講演を聴いて感銘を受けていたところ、一昨年、事務所のスタッフの車 浮代さんに、先生が主催されている「アンチエイジング塩谷塾」から講演依頼をいただいたことで、久しぶりの再会となりました。

先生は、アンチエイジングの先駆者にして第一人者です。ご自身は昨年卒寿（90歳）を迎えられましたが、とてもそうは見えないほど若々しく、おしゃれでジェントルマンなので、いつも女性に大人気。今はコロナでできなくなりましたが、先生との挨拶はいつもハグから始まり、それがとても自然なのです。
長年第一線で活躍され、最上級の接待を受けて来られた先生に、思い出に残るおもてなしについて伺いました。

さりげないおもてなし

僕がこれまで受けた中で、最も印象的だったおもてなしは、京都の『俵屋旅館』だね。接待で二度泊まったことがあるけれど、あれぞおもてなしの極だと思う。初めて訪れた時も、まるで自分の家に帰ったかのような安心感と居心地の良さがあった。

出てきた人の対応がマニュアル的ではなく、気取らず、格式張ってもおらず、押し付けがましくもなく、とても自然で和むので、この感覚は何だろう？　と不思議に思った。大勢のスタッフがいるはずなのに、うろちょろしていない。けれど、必要な時にはさっと現れる。裏方がすごいのに、すごさを感じさせない、さりげないおもてなし。あるべきものがあるべきところにあって、必要ないものは置いていない。ミニマムな美学があった。

僕は酒を飲まないから、旅館の和食は間が持たなくて苦手なんだけど、ここは違った。絶妙のタイミングで料理が運ばれてくるので、一度も手持ち無沙汰になることはなく、スッと食事に入れて、最後まで引っかかりなく食事を楽しめた。

朝食はいつもパン食なので、宿泊先が和食しかないと、その後カフェでパンとコーヒーで食べ直すことになるのだけれど、俵屋の和朝食は特に贅沢ということではなく、馴染みやすい料理。日本らしい奥ゆかしいおもてなしを感じた。

逆に、ハワイのハネムーンの中心地で、ハイビスカス・プールで有名なホテルなどは、サービスが過剰で馴染めない。予約の電話を入れると「塩谷様は、いついつお泊まりになって以来ですね」と言われて気持ち悪かった。あれは行き過ぎたサービスで、泊まりに行っても、常に監視されているんじゃないかと思って落ち着かないからキャンセルしたよ。

レストランでは、僕はテーブルマナーが嫌いで、足を組みたければ組むし、行儀はよくないほうだと思う。けれど、お給仕の方と同じレベルで付合いたいというスタンス。だから一緒に行った人が、店の人を使用人のように扱うと、自分のほうが居心地が悪くなってしまう。客だからといって、権利の主張をするのは嫌いなんだ。

レストランに入ると、必ず店を出る前にトイレに行くのだけれど、いいレストランは必ずトイレの感じがいい。逆もまた然りで、不思議と比例するんだね。

私も旅行作家として、居心地の良さを追求したおもてなしの宿と感じたのは、那須（栃木県）の『二期倶楽部』、熱海（神奈川県）の『蓬萊（ほうらい）』（現『星野リゾート　界熱海』／休館中）、同じく熱海で200年以上続く『古屋旅館』、奈良県の『菊水楼』、皆生温泉（鳥取県）の『華水亭』、湯布院（大分県）の『亀の井別荘』、鹿児島の『雅叙園』などの名旅館です。

NPO法人アンチエイジングネットワーク
URL：https://www.anti-ageing.jp/shioya-school/

和食のマナー

和食のマナーというと難しく聞こえるかもしれませんが、ここでは人前で食事をする際に恥を掻かない程度の基本マナーについてお伝えしようと思います。

最近TVを観ていて、とても気になるマナー違反があります。お箸で料理をいただく時に、反対側の手を受け皿代わりにする「手皿」と呼ばれるNGマナーで、一見上品に見えるのですが、実はこれは「犬食い」と言われる下品な食べ方の一種です。食べ物をこぼしてしまいそうなら、小分けにするか、懐紙か小皿を受けるのが正解です。懐紙を持っていると、口元や箸先の汚れを拭くにも便利で、周囲から一目置かれます。なければ畳んだハンカチでもOKですが、おしぼりで受けるのはNGです。

「犬食い」とは、下品な食べ姿の総称です。お茶碗を手に持たずに片手で食べたり、体を丸めて犬のように料理に顔を近づけて食べたり、食べながら読むなど何か他のことをしたり、がっついて食べ物を口に掻き込んだり、箸が正しく持てず、わしづかみにして食べる「握り箸」も「犬食い」の一種です。

正しい箸の持ち上げ方は3ステップです。

1）箸の真ん中を利き手でつまむように上から取る

2）逆の手のひらで箸先を下から支えて親指で挟み、利き手を横に滑らせる

3）利き手を箸に沿って返したら、3分の1のところで正しく持って、支えた手を離す

次に箸遣いです。お箸のマナーにはやってはいけないことに名前がつくほど、たくさんのNGがあります。これらを総称して「忌み箸」「禁じ箸」「嫌い箸」などと呼びます。「ねぶり箸」「刺し箸」「迷い箸」「寄せ箸」がNGなのはご存知のことと思いますが、他にもこれだけの行儀の悪い食べ方があります。

・移し箸・・・箸から箸へ、料理を移し取ること

・互い箸・・・人が料理を取っている腕にクロスして、自分も取りに行くこと

・涙箸・・・箸先から料理の汁を垂らしながら食べること

・もぎ箸・・・箸にこびりついた料理を唇や歯でもぎ取って食べること

・探り箸・・・料理の中を箸で探ること

・ちぎり箸・・・ナイフとフォークを使うように、箸を左右の手で一本ずつ持って料

理を切ること

次に冒頭の「手皿」のように、多くの方がご存知ない「嫌い箸」がこちらです。

・拝み箸・・・箸を親指と人差し指の間に挟んで「いただきます」と手を合わせること

・返し箸・・・・箸を逆さにして持ち手の方で料理を掴むこと

・渡し箸・・・・器を箸置きがわりにして、縁から縁まで水平に箸を渡して置くこと（箸置きがない場合、小皿や取り皿の縁の一カ所に箸の先だけを乗せる）

・箸なまり・・・一つの料理だけを執拗に食べ続けること

・諸起こし・・・器と箸を同時に持つ、あるいは箸を持ったまま器を持つこと

また、名前はついていませんが、箸先が汚れたまま箸置きに戻すのも下品です。箸先も箸置きも常に綺麗なままで。だからと言って「ねぶり箸」はいけません。さりげなく汚れを拭き取るようにしましょう。

器も、食べ散らかして汚さないように気遣いましょう。使う範囲を制限して、綺麗な部分を残すよう心がけてください。

蓋つきの椀ものをいただく時は、左手を椀に添え、右手で蓋を取りましょう。蓋が

くっついている場合は、蓋を「の」の字に回すように力を入れるか、椀が楕円になるように力を入れれば外れます。蓋は手前側に開けて裏返し、左手に持ち替えます。そのまま椀の奥に裏返しで置き、食べ終わったら蓋を椀に戻します。蓋を下に向けたまま、器に斜めに立てかけるのは間違いです。

尾頭付きの焼き魚を食べる時は、頭から尾に向かって半身を食べたら、魚をひっくり返さず、中骨を外して皿の奥に置き、残りの身をいただきましょう。

寿司屋での粋な振る舞い

寿司屋では、最初に「よろしくお願いします」と敬意と礼節を持って職人に挨拶をしましょう。間違いなく歓待されます。

できればカウンターの、職人の仕事が良く見える位置に座って、技を見れば、お金では買えない貴重な体験ができます。

回らない寿司屋は自費では行きにくいものですが、もしご馳走してくださる方がいて、「お金に糸目はつけないから、なんでも好きなものを頼みなさい（そんなこと、滅多に言われませんが）」などと言ってくださる方がいれば、寿司屋も客も腕がなる瞬間なのだそうです。どれだけいいネタを出すか。客は、どこまで寿司を知ってるか。お互い、どれだけ食に対して手間暇をかけて遊んできたかがわかってしまう勝負の瞬間です。

知ったかぶりして背伸びをしても、見破られるのが落ちです。美味しければ「この魚はどこ産ですか？」など、素直に聞く方が場が和みます。ちなみに、「お愛想」「紫」

「上がり」などは店側が使う符丁で、お客側が使う言葉ではありませんので、こちらもそのまま「お勘定」「醤油」「お茶」をください、と頼みましょう。

背伸びはしないまでも、寿司屋やバーで薄いグラスが出ると、「口当たりがいいですね」と、グラスを褒めると喜ばれます。

また、寿司屋は間とリズムが大切です。出されたら、すぐに食べること。

私が思い出に残っているのは、前述の『江戸蕎麦　ほそ川』の細川さんに、同じくミシュランで常連の『銀座　鮨青木』さんへ連れて行っていただいた時のことです。青木さんは、斬新で繊細な寿司を握られることで有名ですが、お任せコースの最初にマスカットを出されたのには驚きました。しかもしっかり仕事がしてあって、常人には考えつかない組み合わせです。

美味しいものを食べた時を「口福（こうふく）」と表現します。

できるだけ多く、水艶のある手先から生まれる職人の寿司を味わって、客っぷりをあげてください。

江戸の味を守り続ける、現存する日本最古の弁当屋

日本橋弁松総本店　代表取締役社長　八代目　樋口純一さん

昔から、日本の東西の味覚の違いを「京の酒塩文化、江戸の甘辛文化」と言い表されてきました。日本料理発祥の地である京都では、酒と塩を主にした調味料を使い、素材の色を生かしてあっさりと彩りよく料理を仕上げますが、濃口醬油と甘味（砂糖、みりんなど）を主とした江戸時代後期の江戸の庶民料理は、醬油の茶色が染みた甘じょっぱい味が好まれました。

健康志向が加速し、減塩や糖質カットが叫ばれる現代に合わせ、多くの老舗が塩分と糖度を抑えた味に変化する中、頑(かたく)なに江戸の味にこだわり、変えずに守り続けられている老舗があります。それが創業1850年（嘉永3年）、現存する最古の弁当屋でもある、日本橋弁松総本店です。

八代目の樋口純一社長は「90%の人が弁松の味を嫌いでも構いません。10%の熱狂的なファンがいれば」と、万人受けしない味であることを承知の上で、江戸の味を守り続けることを選択されました。

実は私も、弁松さんのお弁当のファンの一人です。初めていただいた時、祖母の料理を思い出し、懐かしく感じました。

クセになる味

醤油と砂糖。うちの味付けはほとんどがそれです。初めて弁松の惣菜(そうざい)を召し上がった方は、「味付けが間違っていませんか」「これはお菓子ですか?」など聞かれることもありますが、昔からのお客様や、何度か召し上がってくださった方は、「クセになる味」とファンになってくださったり、遠くに引っ越された方が体調を崩されたり、「どうしてもあの味が食べたい」とおっしゃって、クール便で送って喜んでいただいたりしたこともあります。

うちの弁当の味は、他店やコンビニでも、真似ようと思えばいくらでも真似られると思います。けれどこの味は、170年続く老舗だから許される味。コンビニで突然、こんな甘く濃い味のお弁当を出したら、たちまちクレームの嵐になってしまいます。だからうちは、一部のファンと江戸の味というものを試してみたい、と思う方が、一生に一度食べてくださるだけでもいいんです。その中で「最初は抵抗があったけど、二度三度と食べるうち、時々無性に食べたくなる」とおっしゃる方が現れるものです。

実は、先代であった亡父に、弁松を継ぐかどうか尋ねられた時に、かけられた言葉があるんです。「世の中がどんどん変わっていって、昔からある老舗が扱っている商品が、世の中から無くなって来て、この先残るかどうかもわからない。けれど、弁当屋という仕事はなくならないんだよ」と。それを聞いて、この仕事は安泰だと、跡を継ぐことに決めました。

当店の興（おこ）りは江戸末期。まだ日本橋に魚河岸があった頃、新潟県の長岡から出てきた初代の樋口与一が、魚河岸の中に『樋口屋』という小さな飯屋を開いたのが始

Twitterのフォロワー数は2.3万人

まりです。盛りの良さで評判の店でしたが、魚河岸の人たちはみなさん忙しくて、食べきっている時間がなく、残していく人が多かったのです。そこで、残った料理を竹皮や経木に包んで渡したところ、これが大評判になって。やがて、最初から持ち帰りを希望する人々も現れました。

しばらくは定食と折詰の両方を提供していましたが、1850年、三代目の樋口松次郎は、飯屋を畳んで折詰弁当専門店にし、屋号も「弁当屋の松次郎」を略して『弁松』に変えました。信田巻や豆きんとん、たこの桜煮、かまぼこ、玉子焼は古くからある惣菜です。

また折箱には木の折を使用しています。経木はお弁当の湿気を吸ってくれて、さらにお弁当に良い香りを移してくれるので、反ったり曲がったりと取り扱いは難しいですが、これも変えるわけには行きません。

日本橋の老舗に生まれた樋口社長が「味を守り、変えない」ことを選択したのは、決して誰かに強いられたり、頑固さからではありません。むしろその逆で、若い頃からバックパッカーとして世界中を回って来られたからこそ、その希少性に気づかれたのだそうです。

江戸庶民の味を守る

満足のいく旅をするには〝お金〟と〝体力〟と〝時間〟の三つが揃わなければならない。けれど、普通に生きていて、なかなこの三つが揃うことがないんですよ。

学生時代は、体力と時間はいくらでもあるけどお金がない。お金が貯まった頃にさあ旅に出ようと思うと、体力と時間がない。だから、若い頃はバックパッカーになり、今は2泊3日で行けるアジアで、危険がなく、現地の評判の料理を食べるラグジュアリーな旅をしています。

僕は昔、引っ込み思案で人見知りだったけど、旅に出て性格が変わりました。英語も通じない国で、積極的に話しかけないと、のたれ死ぬことになってしまいます。でも今は、経営者としてあんな旅はできません。僕に何かあったら、代々続いた老舗の暖簾（のれん）をおろすことになりますから。

僕が25歳で家業に入った1年目に先代が急逝しました。入ったばかりの新人が、

江戸の味、弁松定番の「並六」弁当

いきなり社長になったのです。その時、代々の味を守るか、世間の人々が好む今風の味付けに変えるか、経営方針を決めなければなりませんでした。

日本は、創業100年を超える老舗が約3万社もあるという、世界でも珍しい国です。その数は、実に世界の約70％を占めているのだそうです。ここで私が店の味を変えるということは、『弁松』という名前は残るかもしれないけれど、江戸庶民の味を途絶えさせることになります。日本の食文化の一端を、私が終わらせてしまってはいけないのではないかと考えました。

日本橋弁松総本店
東京都中央区日本橋室町1-10-7
TEL：03-3279-2361(代)
FAX：03-3279-2513
URL：http://www.benmatsu.com/

創業200年以上の老舗和菓子店が提供する、伝統と挑戦

株式会社榮太樓總本鋪　代表取締役社長　八代目　細田　眞さん

日本橋弁松総本店の樋口社長をインタビューさせていただいた際、思い出に残るおもてなしについて伺ってみると、

「『東都のれん会』でご一緒している榮太樓總本鋪さんの本店が近くにあるのですが、**お店に一歩入ってから出るまで、実に気持ちよく買い物をさせてくださいます。商品を選んでいる時の距離感だとか、商品の渡し方だとか、マニュアルではなく、皆さんが自然に身につけられた、長い年月をかけて培われて来たサービスのセオリーのようなものではないかと思います**」

とおっしゃったのが印象的だったので、帰りに早速、アポを取らせていただき、2020年にリニューアルオープンした、日本橋本店に伺い、八代目・細田眞社長にお

2020年にリニューアルオープンした本店の店内

話を伺いました。

日本橋の新・観光名所に

当家の起こりは1818年（文政元年）、飯能で菓子屋を営んでいた細田徳兵衛が、孫二人を連れて江戸に出府し、『井筒屋』の屋号を掲げ九段下で菓子製造販売を始めました。その後、徳兵衛の曽孫に当たる栄太郎（のちの三代目細田安兵衛）が1857年（安政4年）、日本橋のたもとで、刀の鍔（つば）を模した金鍔（きんつば）の店を構えました。やがて西河岸町に店を構え、己の幼名にちなんで屋号を『榮太樓』と改め、甘納豆の元祖である「甘名納糖」や「有平糖」「梅ぼ志飴」「玉だれ」などを創製したのが始まりです。

商品も接客も、常にお客様目線で考えています。来店してくださったお客様に楽しんでいただくことを第一に、伝統を守りつつも、次々に新しい商品を開発しています。新しくなった本店は、日本橋エリアの新・観光名所を目指して改装しました。江戸の町家を再現し、「Art×和菓子」をテーマに、榮太樓の歩みを体感いただけます。他にも、新設のオープンキッチンでは、職人による伝統的な和生菓子作りの実演が行われ、カフェ『Nihonbashi E-Chaya』では、中央区推奨土産品20選にも選ばれた創業当時からの名物、焼き立ての金鍔をお楽しみいただけます。

昔ながらの製品に加え、販売先を限定していた5つのブランドの商品が、本店には全て揃っております。

榮太樓總本鋪
東京都中央区日本橋1-2-5
TEL：03-3271-7785
URL：https//www.eitaro.com

世のため人のために生きるということ

柏たなか病院　透析センター長　保坂義雄先生
宗子さん

私のオフィスがある神楽坂近くの町会主催のバスツアーでお会いした保坂義雄先生は、２０１９年に放送されたＮＨＫ大河ドラマ『いだてん』で医事考証を務められた、東大医学部出身のお医者様で、日本泌尿器科学会の指導医の経歴もある透析のエキスパート。そして町内会の婦人部長をされている奥様の宗子さんは、日露戦争の連合艦隊司令長官・東郷平八郎元帥の曽孫（ひまご）という方です。

保坂先生が『いだてん』の医事考証を務められることになった背景は、日本泌尿器科学会ＨＰ立ち上げの際に、明治から昭和の歴史を調べ上げて論文にまとめたところ、それが『いだてん』の時代背景と同じだったからだそうです。ドラマ撮影に当たっては、病院勤務を行いながら、当時の医療器具を集めるために他県にまで赴くこともあったとか。撮影終了後の都ホテルでのセレモニーはとても華やかで、NHKの会長挨拶に始まり、豪華出演陣が勢ぞろいされ、場所を変えた二次会では寸劇やプチコンサートで盛り上がったのだそうです。

また宗子さんはご両親の方針で、曽祖父である東郷元帥のことを意識しないよう育てられたとか。原宿の東郷神社には、初詣、例大祭と、年に一度の東郷家親族会の日に訪れられます。東郷元帥には会っていないけれど、14歳まで元帥と一緒に暮らしていらした、お父様の一雄さんを通して元帥の生き方を知ったとおっしゃいます。

父は人に優しく、人を大切にし、恩を忘れない人でした。それでいて自分には厳しく、正義を貫く信念を持っていました。実家の居間には、曽祖父が父のために書いた『油断大敵』という書が飾ってあって、それは精進を怠ると足元をすくわれる、ということと共に、正義のために平常心を失わず正々堂々と自身の力を発揮できるよう日々努力をし、世のため人のために尽くしなさいという『至誠』の心が書かれていると受け止めています

「人を大切にする」ことと「恩に報いる」こと。東郷元帥の「至誠」の精神を継がれた宗子さんは、積極的に人と地域に貢献されています。

日露開戦100年に当たる2004年3月にはご夫婦でロシアを訪問され、講演のほかバルチック艦隊司令長官の曽孫さんと会われるなどし、日露友好の握手を交わされたそうです。

Column

女系家族に生まれて

私は、東京の目白で昭和の下宿屋の娘として生まれました。庭にはびわの木や八重櫻、紫陽花、くちなし、ツツジ、竹などがあり、玄関から門まで続く小道には、小さな池もありました。夕食時に、シソや山椒の葉を取ってくるよう言われ、葉先に同じ色の青虫がついているのが怖くて、驚いて尻餅をついたことも。

近所には徳川黎明会（尾張徳川家の収蔵品などを管理する公益社団法人）の事務局があり、敷地内にイチョウ並木があって、秋には銀杏を拾うのが楽しみでした。隣接している徳川ビレッジには、日本に駐在している大使館関係者や

Column

外資系企業の外国人用住宅があり、アメリカ人の子供たちの家に遊びに行きました。和風建築の我が家とは全く違い、玄関を入るとすぐにリビングがあって、天井が高く、日が燦々と差し込み、フランダースの犬のように大きな犬がいたのに憧れを抱いたものです。

母方の祖母の一族の墓は現在、泉岳寺にありますが、元々は新橋と虎ノ門の間にありました。こちらへ年に2回のお墓参りに、家族で出掛けるのが楽しみな子供でした。長いトンネルを抜けたところにある浄土宗のお寺です。お花を買ってお参りし、その後には、お寺にお礼の封筒を渡すのが習わしです。いつも迎えてくださるおばあさんが出てきて、この方に皆で挨拶をすると、お線香と菊の模様の甘い落雁をくれました。

そして、何より私が楽しみにしていたのは、お墓参りの後の外食です。『銀座スエヒロ』の、カウボーイとカウガールが踊りながら運んでくるハンバーグステーキや、『日比谷松本楼』のハイカラビーフカレー（当時最高齢というウエイトレスのサービスを受けました)、歌舞伎座の役者がご贔屓にしている『銀之塔』の和風タンシチュー、お釣りがピン札で返ってくる『煉瓦亭』、『美々卯』のうどんすき、『吉宗』の茶碗むしと蒸寿し、『銀座天國』の天丼、『木村屋』のパンに洋食、『千疋屋』のパフェ、銀ブラの発祥とも言われる『銀座カフェーパウリスタ』のブラジルコーヒーにサンドウィッチ、『銀座ウエスト』のリーフパイ、『銀座マキシム・ド・パリ』のナポレオンパイ。足を延ばして、横浜中華街の『華正樓』の大皿いっぱいの名物焼売を食べに行くこともあり、どれも、まだ幼い私には夢の世界のようでした。そして、最高のサービスをしてくれる、そこで働く人たちが眩しく見えました。

外食の度にマナーを厳しく躾けられるのですが、美味しいものを食べられるので、お行儀を習うのは平気でした。マナー以外にも「野菜は肉の3倍食べなさい」とか「肉を食べた後はクレソンを食べなさい」など、母はバランスを大事にしていました。

反対に、まるで故・樹木希林さんのような性格の祖母は、マイペースで余計

Column

なことは一切口にしませんでした。私がいつもボーッとしているので、「昼行灯(ひるあんどん)みたいな子だねぇ」と言われながら育ちました。

近所に『近三(きんさん)』という仕出し屋があり、お祝い事があると、うなぎか幕の内の御膳が出前で届きました。祖母はそういうご馳走の時だけ同席して、あとは別棟で自炊しており、何を作っているのかと覗(のぞ)いても「企業秘密だから」と冗談を言って、笑っていました。

とにかく秘密主義の人で、時々、神棚の裏などから、銀行の封筒に入ったお金が出て来ました。それでいて、隠したことを忘れているのです。お葬式の時も、年齢を4つもサバを読んでいたことが発覚し、ビックリ仰天！　しました。大往生で96歳でした。

何かと験を担ぐ人で、毎月1日と15日は、神棚の対(つい)のお狐さんに油揚げを供え、お赤飯を炊いて、一口分を孫たちの口の中に放り込みました。私たち三姉妹が揉(も)めていると、「喧嘩(けんか)はおやめ、鼻クソお取り！」と呪文のように言って止めるのですが、いまだにどういう意味なのかわかりません。
「午前中の蜘蛛は殺してはいけない」とか、雨の日に門の前に陣取って、急に視界に飛び込んでくる、茶褐色のガマガエルは「あれはうちの守り神だから踏まないように」と教え込まれていました。

誰にも言わず、朝早く急に旅に出て夕方には戻り、「良い滝を見て来た」と言っては、庭で焚き火をしていました。今にして思えば、あれも一種のパワースポットめぐりだったのではないでしょうか。

高校時代、私が夜遊びして遅く帰宅すると、すでに目を覚ましていて「夜帰ると危ないから、朝、帰って来なさい！」と、妙な叱られ方をしました。朝まで遊ぶ場所もないので、仕方なく早く帰宅するようになりました。

私が大人になって、コレクションしていたお洒落なマッチを、火事になるからと火薬の部分を全部引きちぎられた時は、さすがにショックでしたが、こちらもすぐにワインのコルクとエチケット（ラベル）コレクションに切り替えました。

祖母は60歳を過ぎた頃、急にビルの掃除のバイトを始めました。「大家なのに、下宿屋やめても、家は貸してるんだから、別に働かなくてもいいじゃん」と怠け者の私が言うと、「そういう問題じゃない。この子はまだわかってない。人間、最後は足腰だよ」と、縁側で渋茶を飲みながら叱られました。

80代半ばで脳梗塞(こうそく)を起こして入院した時、珍しく二人きりになり、この時私に残した遺言は「駒蔵(こまぞう)には気をつけろ！」というものでした。「おばぁちゃん、今の時代〝こまぞう〟なんて、いないって」と言ったら「そうかい、でも男は信用するんじゃないよ」と。「おばぁちゃん、画家の横尾忠則と親しい、算命学の中森じゅあんという人が、離婚は三代繰り返すと言ってたけど、私達姉妹の子供も離婚するのかなぁ。それだけが心配なのよ」と私が言えば、カッと目を見開き、「大丈夫、私も若い頃に離婚してるから、あんたたちの子供には祟(たた)らないよ。それに、お前のことは男として育てたつもりだ」と、爆弾発言！　その、離婚した最初の夫の名が、なんと〝駒蔵〟でした。母も私たちも離婚経験者なので「嫁に行っても戻ってくる」家系なのだと説明されました。後に、見事に三姉妹とも全員離婚しました。

脳梗塞が進んだらもう聞けないと思い、調子に乗って、取材先で教わった退行療法を試みました。中学を出て、秋田から集団就職で東京に出て来た時の話や、実家が京都の呉服屋だという再婚相手のおじいさんは種次郎という名前で、大きな建設会社の材木屋の社長をしており、練馬や江古田や目白にいくつか土地があったけれど、道楽のあげく目白だけが残ったなど、いろいろきわどい話も聞けました。

「なぜおばあちゃんは、長女のお母さんを厳しく育て、次女のおばさんは、アメリカ人との結婚も渡米も許して、全く違う育て方をしたの？」と、長年疑問に思っていた事を聞いた時は、「だって、その方が面白いじゃない。人生は実験よ！」と、ロックな答えが返って来たのには驚きました。アクティブでユニー

Column

クで、孤高でつかみどころのない、不思議な女性でした。
やがて買い物に行った母が戻って来て、私との会話はピタリと終わり、そのまま祖母はボケた世界へ戻ってゆきました。

そんなわけで、我が家は祖母、父、母、私、次女、三女の6人家族で、男性は父だけでした。長女の私だけが父親っ子で「内と外の食事は違う。たとえば蕎麦や寿司や天婦羅やカクテルなどだ。作るプロもいれば、食べるプロもいる」ということも教えられました。「嫌いじゃないなら、社会勉強になるよ」と、クラブやラウンジやパブ、スナックにも私を連れて行ってくれました。「お父様は遊び方がきれいな方だ。どうやら貴女も、その血を引いておられるようですね」と、英国紳士のようなバーのマスターが教えてくれたのが印象的でした。

一風変わった家族ですが、これが私の生い立ちです。

第二章

ゲストとしてのあなた

店で好かれるゲスト&嫌われるゲスト

■「お任せで」から始まる馴染みのお店づくり

何人かの美容師、仕立て屋から「せっかく来店してくれても、スタッフの自由にさせてくれないお客様がいる」と聞いたことがあります。例えば、美容院を訪れたお客が「髪の長さは変えないでください」とオーダーするようなケースです。これでは、どんなに腕のいい職人でもできることが限られてしまいます。

初めてのお店を訪れる際には、「お任せします」と全て委ねてしまうのが私のお勧めです。髪にしても服にしても、腕のいい職人はセンスも一流です。また、お任せにすることで、自分自身ではチョイスしなかったような新しい世界とコーディネートを発見できるかもしれません。

「あなた自身が似合っていると思っているもの」と「他人から見て似合うと思っているもの」が違うこともあります。その新しい自分を発見するために美容師や職人がいるのです。守りに入ることなく、どんどん冒険してみましょう。自分のことは過小にも過大にも評価してしまうので、選者の目が必要となります。

これは飲食店でも同じことで、慣れないお店では見栄を張ることなく「慣れていないので」「お任せで」とお願いしてしまえば、お店の人もそれを考慮して対応してくれます。

料理の知識などについても、背伸びをする必要はありません。

むしろ、知識を過剰に披露するのはプロに対して失礼です。スタッフの説明はちゃんと聞き、料理やお酒を楽しみましょう。本当の一流のお店とは、ゲストをリラックスさせてくれるお店です。こちらが初心者だからといって、あなどるようなお店は一流とは言えません。むしろ、新規に訪れたあなたをようこそと歓迎し、成長させてくれるようなお店を選びましょう。

また、目上の人と会食する際の席順なども、迷ったらお店の人にお願いしましょう。相手はプロですから、上座、下座など失礼のないように対処してくれます。こちらはゲストなのですから、甘えられるところは甘えてしまっていいのです。

その上で、もしもお店を気に入ったら、できるだけ近い期間に裏を返し（もう一度同じことをする意）、さらに3回訪れ、馴染みになることでお店の方もあなたの顔を確

実に覚えてくれますし、接待や記念日などでお店を使う時もリクエストに応じてくれやすくなるでしょう。

大切なゲストを接待するためにも、馴染みのお店を作っておくのがお勧めです。現代はインターネットが便利ですが、接待に使うお店はちゃんと自分で試しておくのが鉄則。そうでないと「お客様を連れて行ったら噂とは違った」なんてこともありえます。天ぷらならここ、うなぎならここ、フレンチならここ、というように、ジャンルごとにお気に入りのお店を見つけておけるとベストです。

本当にいいお店なら、接待やデートで頻繁に利用してもあなたのプライベートには必要以上に踏み込んではきません。例えば、あなたが前日とは違う異性を連れて行ったとしても「昨日は違う人と来ていましたね」などということはないのでご安心を。逆に、そんなことを言ってくるお店は接待には不向きだということです。

■反面教師から学ぶ「好かれるゲスト」とは

馴染みのお店を作るのはいいことですが、あまり行き過ぎると「困ったゲスト」となってしまうので注意が必要です。

テレビの人気番組『痛快TV　スカッとジャパン』（フジテレビ系）でも体験談をよく目にします。

注目したいのは「スカッと」した物語が世の中の多くの人に求められているという現実です。これらの話が受け入れられているのは、迷惑行為への反感を持つ人が多数存在することへの裏返しでしょう。

現在のネット社会でマナー違反を犯せば、周囲の人に迷惑なだけではなく「ネットで晒される」「炎上する」という危険もあります。そのようなリスクを避けるためにも、悪い事例を見聞きしたら「スカッと」して終わりにせず、ご自身が困ったゲストにならないよう気をつけましょう。

馴染みの店で困ったゲストになってしまう例を挙げると、

・大声や横柄な態度で周囲に迷惑をかける
・常連風を吹かせて特別扱いを要求する
・まるで専属の担当者のように、用もないのにスタッフを独占して話し相手にしようとする

・料理が冷めるのもお構いなしに、凝った写真を撮り続ける
・個室ではないのにデリケートな話題（社外秘の話、品のない話）を持ち出す
・来店時間を守らず、閉店時間になっても帰らない
・過度なサービスを期待する
・ドタキャンしたまま、フォローがない
・連絡もなく、来ない
などが挙げられます。

実際に、とある人気店のシェフからも「わざと大声でシェフに話しかけて『自分は常連なんだぞ』とアピールするお客様には少々困る」というお話をうかがったことがあります。シェフ自身、常連客と会話するのはとても楽しいそうなのですが、仲良しアピールをされると他のお客様が白けてしまうとのことでした。

普段は礼儀正しい人でも「自分はこの店の馴染みだ、常連だ」と思うと、いつの間にか馴れ合いになってしまうこともありますから気をつけたいですね。

「過度なサービスを期待する」も「私はお客様だ」という態度を取る人にありがちなミスです。サービスには価格相応というものがあります。例えば、ファストフードや

立ち食い蕎麦店に行って、ホテルのコンシェルジュのような対応を求めるのは間違っていますよね？

お店には、対価に応じた適正なサービスがあります。どのお店に行っても最高級の対応を求めるのは品がありません。逆に、もしあなたが高い対価を払っているのに不当な対応を受けたら、そのお店には二度と足を運ばなければいいのです。

もし、あなたがバーなどで「スタッフの対応が冷たいな」「話に乗ってこないな」などと感じたら、これらのタブーを犯してしまっているのかも。出入り禁止にされずとも、歓迎されていないことは確かです。

では、逆に好かれるゲストとは？　こちらは嫌われるゲストを反面教師にすれば簡単です。

- 大きすぎず小さすぎない適度な音量で話す
- 無理な要求はしない、礼儀正しく接する
- スタッフが忙しそうな時は会話を切り上げ、解放してあげる
- 「お手すきの時にでも」と一言添える

・アレルギー、嫌いな物などは事前に知らせる

・営業時間を意識して入店する

など、人として当たり前のことができれば大丈夫。好かれるゲストといっても、スタッフに対して過度に気を使う必要はありません。ごく普通の礼儀を守りながら何度か通っていれば、自然にあなたも「好かれるゲスト」の仲間入りです。

全て当たり前のことですが、大声、うるさい、高飛車、わがまま、からむ、無遠慮にいきなり話に割り込む、自慢話などは嫌われます。常連になり、どんなに気を許して親しくなっても、馴れ合いの一線を超えないことです。気の緩みがマンネリを呼び、甘えが生じて、お互いを内心よく思わなくなります。店側が少し冷たいツンデレくらいで長続きするのです。また、来店する際、清潔感のある服装をするのも当たり前です。よれよれでみすぼらしいのは、アウトです！　同行者が女性なら、なおさら失礼です。生活感を漂わせ、全てにおいて割り勘にするケチなタイプは、女性だけでなく店側からも敬遠されてしまうでしょう。

サービスのプロであれば、不機嫌なゲストにも嫌な顔をせず、淡々と仕事に向き合います。ですが、そこにほんの少しの愛情を入れます。

ちょっとした手土産が仲良くなるコツ

私は、人とお会いする時はできるだけ手土産を持参するようにしています。お土産といっても、高価なもの、大袈裟なものでなくてもいいんです。その人と会えた記念に、かさばらず、相手の負担にならないものを渡せればそれで大丈夫。「つまらないものですが」と謙遜せず、選んだ利点を述べましょう。お土産を渡せばその品物を元に話題を広げられますし、相手が帰宅した後も、もう一度あなたを思い出してくれます。また、同様の理由から、いただいたプレゼントは「開けてもいいですか？」と聞いてから、すぐにその場で開けましょう。

いつか事務所では、銀座三河屋の「煎酒」のミニボトルが定番です。梅干しとお酒とかつお節を煮つめた、江戸時代には各家庭で手づくりされていた調味料の復刻版なのですが、皆様に珍しがられ、会話が弾みます。

皆さんも人と人との出逢いを大切に、さりげなく気の利いた手土産で感謝の気持ちを表現してみてはいかがでしょうか。

あなたはこう見られている。良いお店の見分け方

初めてお店を訪れた時、スタッフはあなたがどんなゲストなのか品定めします。これは悪い意味だけではなく、あなたがどのようなゲストなのか、どのように対応すべきか、何を勧めれば喜びそうかを素早く判断するのです。

そんな時、多くのスタッフは最初に足元や服の布地や仕立てを見るそうです。どんなブランドの靴を履いているか、きちんと爪は手入れされているか、服装に合っているか、などがチェックポイントです。

服装も靴も、ブランドや価格だけを見るわけではありません。ラフでも清潔感があり、センスの良い格好をしていれば、素敵なゲストだと判断されます。また、時計や靴やアクセサリーなど、何か一点でも上質な物を身に着けていれば、それだけで印象も大きく変わります。

もしもスタッフが思いがけないサービスをしてくれたら、あなたが良いゲストだと思われている証拠です。スタッフにある程度の権限が与えられているお店では、良いゲストには何らかのアプローチをしてきます。

よく「お店に入ったら、何か買わないと出られない」と遠慮する人がいるのですが、無理をして不要な物を買う必要はありません。お礼を言って退店しましょう。

一流のお店は「見るだけ」のお客様が次の機会につながることを知っています。もし一人のお客様が買い物をしてくれなくても、次回には買ってくれるかもしれない。または、その人が家族や友達を連れてきてくれるかもしれない。そういったサービスの連鎖が人気店を作り上げているのです。サービスに限界はありません。

逆に「買う意思のなさそうな客には冷たい」態度を取るお店には、こちらも足を運ばなければいいのです。

お客様を選ぶ自由、お店を選ぶ自由、双方とも等しい権利を持っているのですから。

日本人が意外と知らない「アメリカの社交術」

永井酒造株式会社 取締役　永井松美さん

創業135年、群馬の老舗酒蔵「永井酒造」の六代目当主・永井則吉社長の奥様で、海外コミュニケーション、マーケティング&PRディレクターとして活躍されている永井松美さんに私が初めてお会いしたのは、2010年のバンクーバーオリンピックの取材旅行の時でした。ポートランド、シアトル、バンクーバー、ロサンゼルスを回る旅で、当時松美さんは、シアトル・フード・ツアーズという会社を設立され、VIPや日本の中小企業経営者向けに、ナパやニューヨークを中心としたワイナリー・ツアーやレストラン視察を企画&コーディネートされていました。シアトルではさまざまな場所にご案内いただき、楽しい時間を過させていただきました。とてもセンスが良く、初対面にもかかわらず深い話ができる方でした。

10年以上、アメリカで会社を経営されていた松美さんに、日本人が海外の一流レストランや、ホームパーティーなどのおもてなしを受ける場で、気をつけなければいけないマナーや会話を教えていただきました。

アメリカで好まれる第一印象のポイント

欧米社会は、日本人が思うよりずっと階級社会、評価社会です。一流のレストランやパーティーなど、日本人が最も苦手とする「社交」面で、諸々気をつけなければならないことがあり、ある一定のルールを知る事が大切になります。

英語が苦手で引っ込み思案になる日本人が多いですが、欧米、特にアメリカで好まれるのは慎ましさなどではなく、自信があるポジティブな雰囲気を出すことです。

日本では、相手がどんな役職で、年齢が上か下かなどを気にしますが、アメリカの富裕層は、アメリカン・ドリームを実現した成功者達なので、目立たない、謙虚、みんなと同じなど、オーラが出ていないのは透明人間同様、社交につながりません。この人と話してみたいと思わせられないと、壁の花になってしまいます。

ポジティブ・オーラを出す第一条件は「笑顔が魅力的なこと」です。特に歯並びの良さはステイタスで、女の子がいる家庭は、歯並びにお金を投資し、ホワイトニング剤で歯をピカピカに白くします。口臭ケアを含めた笑顔が、マインドの表れとなるからです。

次に、相手の目を見て話すことが大事です。日本人は恥ずかしがって、会話中に目線を外しがちですが、それは失礼な行為です。相手に見つめられて視線を外すと、何か後ろめたいことがあるのでは？と取られます。信頼を得たいのであれば、きちんと胸を張って、相手の目を見て話すことです。そうした姿が自信につながり、縮こまることがなくなります。

ナプキンの使用法

高級レストランで、テーブルにセッティングされたナプキンをうまく使いこなせていない日本の方をよく見かけます。

まずは、ナプキンを膝(ひざ)にかけるタイミング。ナプキンは食事の始まりと終わりの合図になるので、席についてすぐ取って膝にかけると「お腹が空いた。すぐにお料理を持ってきて」という意味に取られ、高級レストランにはふさわしくありません。

ベストなのは、主賓と奥様がナプキンを取ったタイミングに従うことです。

食事中ナプキンを落としても、自分で拾う必要はありません。ホールスタッフに拾ってもらいましょう。お手洗いなどで中座する際は、ナプキンの汚れが見えないよう軽くたたみ椅子の上に置くといいでしょう。

また、食べ終わったからといって、すぐにナプキンを膝から外してテーブルに戻すのは間違いです。食後の会話もすべて終わって、もう帰ります、という合図なので、ナプキンをテーブルに置いたまま長居をするのは迷惑な客、ということになります。

食事終了後も、日本人は几帳面なので、ナプキンを綺麗に四つ折りに畳んでテーブルに置いてしまいがちですが、ナプキンを畳むのはサービスや味に不満があって、くつろげなかったという意味合いになります。あまりぐしゃぐしゃに置くのは下品なので、角をずらしてふわりと畳み、テーブルの上に置きましょう。

アッパーなレストランに行くほど、評価制度がしっかりしているので、身につけているものや仕草、これらのシグナルを理解しているかどうかで判断されてしまいます。

ワインのマナー

長年、日本の経営者の方々を、アメリカの一見さんお断りのカルト・ワイナリーや、星付きのレストランなどにご案内する仕事をしてきましたが、日本の富裕層はワインの知識はあっても、マナーや嗜み方をご存知ない方もいらっしゃると度々感じました。

例えば、高級レストランでは使っているグラスも高価なので、乾杯の時にグラス同士を当ててはいけません。女性は特にお行儀が悪いと見なされます。長テーブルだと、端の人がわざわざ腰を浮かせて腕を伸ばし、グラスを近づけようとしますが、これもみっともない行為です。「座ったままでお願いします。乾杯はグラスを目の高さに上げて、会釈する程度で結構です」とアドバイスするようにしています。

またワインは女性が注ぐものではありません。高級レストランではソムリエが注いでくれますので、気づかれなければ、目線で合図を送るようにしましょう。カジュアルな場でも、ホストかゲストかは関係なく、ワインを注ぐのは、大事な男性の役目です。ご家庭で妻が夫に注ぐのは構いませんが、公的な場だとホステスかコールガール……つまりは男性を誘っているようなマイナスな印象になることもあります。

　さらにワインを注がれる際は、ビールの時のようにグラスを持ち上げて受けに行ってはいけません。テーブルの上に置いたまま注がれるのを待ちましょう。グラスを手に持つ時は、ボウル（カップ）には触れず、ステム（脚）を持つようにしましょう。ただし立食パーティーなどで、ワイングラスと皿を持って不安定な時はボウルを持っても構いません。ワインを床にこぼすよりはずっとマシだからです。

　エレガントな乾杯ができるのは、マナーの入り口です。時々見かけるのは、ワインを注がれてついスワリング（回す）し続けてしまう人です。回すのはテイスティングの時だけで十分です。しかも白ワインの場合は回す必要はありません。白ワインは温度が大事で、そのワインが最も美味しく感じられる適温に調整して店側が提供しているので、回すと温度が変わり、味も変わってしまいます。

　また女性は、席につく前に化粧室で口紅を押さえておくことは基本ですが、タイミングを外してしまったら、ナプキンを膝に乗せるタイミングでさりげなく、内側を使って押さえておきましょう。それでもリム（飲み口）に口紅の跡が残ってしまうことがあります。この場合、飲み口を1カ所に絞っていればセーフですが、数カ所に跡が付くのは下品な行為です。

洋画を観ていると、たまに今どきの女性が、グラスに付いた口紅を指で拭うシーンが出て来ます。観ている分には格好良く見えますが、あれは実は、女性から男性を誘う時の合図なのです。

好まれる会話、煙たがられる会話

アメリカ人は発展性のある会話が好きです。知的水準の高い人がいる場では、映画の話題がいいでしょう。新作や話題の映画を観たといった話から、名作談義まで。アメリカの知識層は親日派も多くいらっしゃるので、日本についての見識が深い方もいらっしゃり、かなり具体的な質問をしてくる方もいるので、自国の文化をきちんと説明できる深い知識を身につけておくことも大事です。

逆に相手の国のことを質問して聞き上手になれば、向こうもこちらに興味を持ち始めますから、良いコミュニケーションが図れるようになると思います。

絶対に話してはいけないトピックスは徹底されていて、宗教と政治の話を出すと、大げさではなく一巻の終わりだと心得てください。そこに触れそうになると、ホストが慌てて止めるぐらいです。特に政治に熱いアメリカでは、かなりヒートアップして、険悪な雰囲気に発展しかねません。

また、相手の収入や買ったものの値段、独身かどうかなどの質問も絶対にお避けください。相手と親しくなってくると、向こうから「マイワイフが……」「娘が……」などと家族の話をしてきますので、そうすれば聞いても大丈夫です。アメリカでは、お父さん二人、お母さん二人といった家族もいらっしゃいますので、相手が言ってくるまでは詮索しないことです。

さらに年齢を尋ねるのもNGで、日本の履歴書と違い、アメリカの履歴書には生年月日を書く欄がありません。あくまで実力主義で、年功序列は関係ありません。外見について触れるのも危険です。背が高いね、鼻が高いね、可愛いね、なども、日本では褒め言葉ですが、アメリカ人にとっては、背が高いことや鼻が大きいことがコンプレックスに

Yumi Katsuraのドレスを着た永井松美さんと六代目・永井則吉さんご夫妻

なっている方もいらっしゃいます。

「可愛い」に関しても、日本はカワイイ文化なので、男性に対しても可愛いを使いますが、外国で男性に使うことはまずあり得ません。アメリカではPrettyやCuteなどの言葉は、大人を表現するには幼稚、未熟という意味も含まれているので、侮辱とも捉えられかねません。女性を褒める場合は、Foxyが最高で、ゴージャスで魅力的という意味を含みます。会話の中での褒め言葉としては、Gorgeous, Elegant, Beautiful, そしてAttractiveなどが好まれます。

日本の男性で時々、ウケを狙って下ネタを披露する方がいらっしゃいますが、次からお声がかからなくなりますのでご注意ください。セクハラは大問題で、宗教と同じくセンシティブなのです。

このように好まれる会話と、煙たがれる会話があるので、ホームパーティーではホストが誰をお招きするか、とても気を使います。誰と誰を隣同士にし、誰を真ん中にすれば盛り上がるかなど、会話も気遣えないとホストは務まりません。日本の常識が世界の非常識であることは、大いにあり得ます。

松美さんが嫁がれた永井酒造は、老舗でありながらとても革新的な酒蔵です。「Nagai Style」を打ち出し、食と日本酒とのペアリング提案をされてきたとか。

日本に1000以上ある酒蔵の中で、乾杯のスパークリング酒から、熟成されたヴィンテージ酒、デザート酒まで食中酒を全て揃えられているのは、永井酒造だけです。特にスパークリング酒に関しては、シャンパンに負けない酒をとシャンパーニュ地方で製法を学び、伝統的な日本酒製法に瓶内二次発酵を取り入れた本格的なスパークリング清酒で、国際特許を一つ、国内特許を二つ取得。また日本で一般社団法人awa酒協会を立ち上げ初代理事長に就任し、賛同してくれた酒蔵でチームジャパンを組むなど、様々な活動や商品開発に取り組んでいます。

永井酒造株式会社
URL：http://www.nagai-sake.co.jp

「いい客悪い客について」

私が20歳そこその頃、ある製薬会社の方に連れて行っていただいたわずか8席の割烹料理店があります。

店主は元々『吉兆』にいた方です。所在地非公開で目立つことが嫌い、黙々と、淡々と、季節の料理をこしらえている包丁人です。

私は、いろいろな方に様々な名店に連れて行っていただいておりますが、逆に「どこかいいお店ご存知ないですか？」と質問された時、稀(まれ)にご案内するのがこの店です。ここの良さがわかる方は、「うーん」と唸(うな)り声をあげて、そのまま常連になってしまいます。こちらの予約が取れずに困ることも（苦笑）。

元々ドクターが多い店でしたが、今では出版社の社長や、国際線パイロットが帰国の度に季節を感じに来る店です。私が紹介した、ジャニーズの食通で野菜ソムリエの方も、すぐに女優仲間を連れて来店したそうです。どこにでも、食いしん坊はいるのですね！

私のとっておきの楽しみは、このお店でお正月明けに、ロシア貿易でカニを販売している親友と、毎年正月明けにおせちで樽酒を飲むのと、国産松茸のシーズンに、七輪の松茸の香りにまみれながら、仕上げは湿らせた利尻昆布の上で牡蠣(かき)を焼き、そのエキスが昆布の端から雫(しずく)になって落ちるのを、盃に溜めて飲む……のが至福の瞬間です。日本酒は店主厳選の『三千盛(みちさかり)』のみ。焼酎は『くろうま』と『三岳(みたけ)』を、香りが楽しめるよう、氷入りのワイングラスに入れて出してくださいます。

「美味しいものがあれば、みんな黙るからね」が、店主の口癖で、元々口数の少ない、余計なことを言わない人なので、人気も高いのです。

真剣に味わってほしい

うちにとって「いいお客さん」は、自分のことは喋らないで、提供している料理を素直に受け取る人だね。提供している側も　そうしてくれるといいサービスができるようになる。一番美味しいタイミングで料理を出してるんだから、おしゃべりに夢中になって料理をほっとかれると、気になってしょうがない。それと、料理にいきなり醤油をかける人は残念な人だね。

うちは紹介制なので、ほぼ100%リピーターだけど、たまにSNSのグルメサークルなどで、常連が他の人を連れてきて、その人が常連になる、といった形が多い。次からは季節ごとに一人で来てくれるようになる。食べることを目的に来てくれるお客さんだから、真剣に味わってくれて、料理についての質問しかしないから、そういうのはいいお客さんだね。

「悪い客」は、店で一緒になった他のお客さんの個人情報をこっそり聞いたり、その人が帰ってから聞いて来る客。うちはカウンターだけのこぢんまりした店だから、お客さん同士の会話が聞こえちゃうからね。そういう時は、「次に会ったときに聞いてみれば?」と答えるようにしてる。知りたければ、その場で直接、本人に聞いてくれればいい。

僕は、家族とは休みの日にしか食事をしない。だから板前は、ほとんど女房に捨てられるんだよ(苦笑)。

また、一日中立ってるか歩いてるかなので、体力がないと60歳くらいで板前をやめちゃう。自分は潰しがきかないから、やれる限りは店をやろうと思っている。今のところ、まだ大丈夫だよ。

最近は、稚鮎（ちあゆ）やサザエの肝など苦いものが美味しくなってきたと言ったら、「それはもう大人ですね」と言われました。

実は、私、未（いま）だここでは〝学割〟で、周りの社長連中からは「なんで君だけ？」と非難囂々（ごうごう）です。

どうか私だけこのままずっと〝学割〟でお願い申し上げます。

チャーミングでセクシーな自分を目指して

レブロン株式会社　代表取締役社長　菅野沙織さん

レブロンは、1932年にニューヨークで創業した老舗の化粧品ブランドです。1963年に日本にも上陸し、現在では世界150カ国以上の販売ネットワークを展開しています。その日本法人の代表取締役社長である菅野社長は、ノエビア、資生堂、イヴ・サンローランパルファン、ブルジョワなどでマーケティングやプランニングを経験した化粧品業界のプロフェッショナル。誰にでも明るく、爽やかに接するので、海外出張中に少しお話ししただけのタクシードライバーから、「うちに来て家族と食事をしないか？」なんて誘われてしまうこともあるほど。「世界へ美と喜びを届ける」レブロンの理念にピッタリな魅力的な女性です。

そんな「コミュニケーションの達人」に、人と打ち解けるコツをお伺いしました。

大切なのは心を開くこと

「ビジネスとプライベートを問わず、私が人とお会いする時に心掛けているのは『場を盛り上げる』ことです。私と会った方には「今日は楽しかったな、会って良かったな」という『お土産』を持ち帰っていただきたいのです。

だから私は、できるだけ人や物の良いところを探します。「あなたの気遣いは嬉しかったよ」とか「ここの景色は素敵ですね」とか。それに、他人の長所に気づいてあげられる女性って素敵でしょう？　誰かを褒めることで自分も輝けるんですから、良いことずくめですよ。

心の中に壁やレイヤー（階層）を作らず、誰に対してもオープンハートで臨む姿勢を心がけています。

例えばホテルやお店のスタッフに対しても「お客様」にはならず、常にフラットであるようにしています。偉そうにしたり見下したりといった態度は相手にも伝わってしまいますから。逆に、スマイルオーラを全開にしていけば、その気持ちもきっと伝わります。

でも、もしお願いや疑問があったら、そこは遠慮せず素直に口に出すようにしています。「口には出せないけど察して欲しい」というような煮え切らない態度だと、かえって誤解を深めることにもなりかねません。

日本人はおとなしい方が多いので「その場での衝突は避けて、後日SNSで苦情を書く」なんてこともあるようですが、それでは本当の信頼は築けません。良いことも悪いことも、ちゃんと相手に伝えることが大切です。もちろん、苦情を伝える時も明るく好意的な態度は忘れずに。

「人生は手漕ぎである」が私の信条です。消極的に待ち続けていても、人生という船は進みません。「WomenNeedSomethingSparkling」。人間には、特に女性の人生には、きらめくものが必要です。チャーミングでセクシーな自分を意識して行動を続ければ、きっと道は開けるはずですよ。

菅野社長が『ワイン王国118号』に寄稿されたコラムが素晴らしかったので、特別に掲載許可をいただきました。（URL：https://www.winekingdom.co.jp）

《私は外資系企業の勤務が長く、海外出張や個人での海外渡航が200回を超える。現地の気候や食事、人との出会いを通してワインを体験してきた。だから私のワイン物語には、理論では得られない動物的勘とドラマがある。

高級なフランスワインは、大概はパリのフランス人上司から学んだ。好みは、樽の香りが良く技巧的すぎないブルゴーニュ。ボルドーより素朴で混じり気のない明確な個性がある。赤ならふくよかな「ポマール」。白なら「ムルソー」。くせのあるムルソーと生ガキの相性は抜群だ。人間も個性溢れる人が好きだ。南仏では、ワインの名産地「バンドール」の赤を。本来バンドールならロゼだと言われるが、現地のプロフェッショナルは赤を勧めた。あっさりした地中海料理に、リッチな満足感を与えてくれた。日本在住のフランス人元上司のお勧めは、意外にもオーストラリアのシラーズ。スパイシーな香りと滑らかな渋味。サラダとフランスパンというシンプルな食事に圧倒的な存在感が加わった。ハンガリー人の大学教授の友人とは、世界3大貴腐ワインの「トカイ」を。ハンガリーの2大名産であるフォワグラのソテーと甘いトカイを組み合わせると、極寒の冬でも、その華やかさでかつての帝国時代の栄華を彷彿とさせる。

　ギリシャのサントリーニ島のワインは魔法。ブドウ色に染まる地中海に沈む夕日を眺めながら、悠久の時に思いを馳せて飲む素朴な赤に、神話の神々さえ見える錯覚に陥る。イタリアのシチリア島で現地のワインを飲んだ時は土臭く感じたが、力強いシチリア料理に合うし、その感覚は正しいと後にソムリエから教わる。乾いた土地、トルコのカッパドキアの白ワインは、周りのブドウ畑から摘んで食べたブドウの味そのもので、のどを潤すために最適なさわやかさだった。イタリアの極上ワイン「バローロ」は、冬のミラノで知り合ったワイン通のドイツ人地質学者から学んだ。ビロードのような舌触りと深い味わいは、長い巻き髭の品格ある紳士そのものだった。

　ワイナリーもたくさん訪ねた。ドイツでは〝黒い森〟シュバルツバルトの白ワインを。川沿いで太陽光をたくさん浴びて育つブドウから生まれるポルトガルの「ポート」は、まさに土地の持つ光と影が反映された味。乾いたシルクロードのドライフルーツに合う、ウズベキスタンの甘めの白。アメリカの映画監督、フランシス・コッポラ氏がプロデュースする滑らかで深みのある極上のワインは、コスパもよく拍手物だ。
一番ドラマティックだったのは、古代ギリシャ好きの私の定宿である、アテネの某ホテルのルーフトップバー。ライトアップされたパルテノン神殿を眺めながら、偶然知り合ったギリシャの有名な地下鉄技師と飲んだ松ヤニワインの「レチーナ」。アテネオリンピックの数年前のことだった。私たちは古代ギリシャと、ギリシャの未来について何時間も語り合った。後にアテネの地下鉄は完成し、未来を創った彼は病死した。》「五感で味わう世界のワイン物語」より

世界中を股にかけて活躍してこられた菅野社長ならではの、含蓄あるコラムだと思いませんか？

レブロン株式会社
URL：https://www.revlon-japan.com

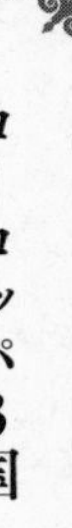

ヨーロッパ3国　ワインとアートの晩餐会

前述の菅野社長からのご紹介で、私も『ワイン王国』119号」に次のようなリレーエッセイを書かせていただきました。

《私は、まずはそこにいる人によく話を聞くことから始めます。うんちくよりも、その人自身がどのワインが好きかにお任せしています。ワインとの出逢いは一期一会なので、生きている間にできるだけ多くの種類のワインを飲めるよう、冒険をしたいのです。記念にエチケットをいただき、アルバムにしています。

まずワインの色を愛(め)で、香りを楽しみ、グラスを回す。最初の一口を口に含み、舌で転がしながら鼻を思いっきり上げて香りを吸い込み、味わいが脳天を突き抜けてから、ゴクリと飲む。これが今でも守り通している私の小さな儀式でもあります。

赤ワインに比べて、白ワインはもっと単純に答えが出るような気がします。ワインは値段ではないし、魚だから白、肉だから赤にしなければならないという決まりもないと、知人の結婚式で訪れた南アフリカのワイナリーで教わりました。むしろ季節やその土地の名産をいただくようにしています。

仕事柄、取材を含め50カ国以上旅をしました。なかでも思い出深い旅行は、葉山の画家夫妻に誘われた2001年、チェコ日本現代芸術・ハプスブルク芸術友好協会主催の『ボジョレー・ヌーヴォーアート展』でした。バス1台を貸し切った10日間のツアーでしたが、参加者は画家やアーチストの方達で、作家は私一人。チェコのプラハ、ハンガリーのブダペスト、ベルギーのブリュッセルを巡り、最後はゲントで展覧会を催すというリッチな旅でした。

私の目的は、プラハで大好きなカフカの家を訪ねることと、バドワイザーのビール工場見学、ブダペストの駅構内の建築美に身を置きたかったのと、ベルギーで日本文学の先生にお会いすることでした。

初日の夜にプラハ城ルドルフ・ギャラリーで開かれた、盛大なガラ・ディナーパーティは、主賓の大統領夫人とニーナ令嬢、シュワツェンベルグ伯爵、毛皮にパールのネックレスが素敵だったシェーンツゥエルト公爵夫人、日本大使と、日本人留学生の声楽家や現地のプロの演奏を聴くという、なんとも優雅なひと時でした。ラデック・

ブロウシルとヤロスラヴ・ボーニッシュ、チェコを代表するアバンギャルドなアーチストも参加し、宮廷晩餐会はお開きになりました。

ベルギーでは洋画、日本画、書道、工芸、陶芸、詩歌、写真、押し花、人形などあらゆる創作者が交流をし、無事展覧会も終了しました。帰りがけのバスの中で、感動的だったのは、１週間の長旅の最後に親子三代で参加していた家族の長老から、押し花作家のご婦人に宛てたラブレターでした。小学6年生のお孫さんがお母さんに言われてご婦人に手渡し、いただいたご本人がマイクを通して読み上げたのです。その手紙には旅の楽しかった思い出と「妻には先立たれたけれど、あなたに出逢えてよかったです。長生きしますから、またご一緒しましょう」というほのかな恋心が書かれていました。みんなで感動し、拍手喝采と涙のお別れをしました。

後日、出品された画家たちの作品が、ボジョレー・ヌーヴォーのワインボトルにプリントされ、ケースでそれぞれの自宅に届けられました。私も1本お裾分けをしていただきました。旅の後にワインが届くなんて素敵！　とても贅沢な気分に浸れました》

「偉い人にならない」ことが、健全な人間関係を作るコツ

Ｃ Ｃｈａｎｎｅｌ株式会社 代表取締役社長　森川　亮さん

前述のレブロン株式会社の菅野社長とお会いした際、「素敵なお友達」の一人として、ＬＩＮＥの元社長であり、現在はＣ Ｃｈａｎｎｅｌ株式会社の森川亮代表をご紹介いただきました。

ＬＩＮＥは皆さんよくご存知のことかと思います。ＳＮＳとして多くの方がプライベートやビジネスで利用されているのはもちろん、最近では厚生労働省の「新型コロナ対策のための全国調査」のような公的サービスとの連携も増えてきています。

そのＬＩＮＥの元社長である森川さんが運営する「C CHANNEL」は、女性の関心が高いテーマを中心に扱っている日本最大級の女性向け動画メディア。短い時間で手軽に視聴できる動画をインフルエンサーと共に撮影・制作し、メイクやヘアアレンジ、

レシピ、コスメなど幅広い話題を提供しています。

また、子育てをするママを応援する動画マガジン『mamatas（ママタス）』も開設し、家事の時短テクニックや便利アイテムなど、ママに役立つ情報を毎日配信しています。

動画メディアを通して女性の生活スタイルをサポートするサービスを手掛ける森川さんに、人生や仕事を円滑に進める上で心がけていることを聞いてみました。

自分の周囲の風通しをよく

仕事をする上で大切な心得はたくさんあるかと思いますが、私が公私共に心掛けているのは「偉い人にならない」。つまり、偉そうにしないことです。

その理由のひとつは、偉そうにしていると周りの人間がいわゆる「ごますり」など、変な人ばかりになってしまうからです。お世辞ばかり言う人を周囲に置いておくと、本当に必要な耳に痛い話も届かなくなります。それに、イエスマンばかり相手にしていると、自分自身も次第に傲慢になり、人の話に耳を傾けない人間になってしまいますからね。自分の周囲の風通しをよくして、様々な人の意見を取り入れられる環境を保ちたいと考えています。

一方で、プライベートで気に入った飲食店やヘアサロンなどには長く何度も通うようにしています。スタッフと馴染みになることで、そのお店をリラックスできる空間へと変えていくんです。

ビジネスも大切ですが、いつもオンの状態でばかりいると体も心も持ちませんからね。オフの自分に戻れる隠れ家を持つことは、良い仕事をする上でもとても大切だと思います。

C Channel株式会社
URL：https://corp.cchan.tv

客っぷりを上げるには　1

株式会社イベント工学研究所 代表　佐藤　公さん

　私が「いつかの東京通信」というコラムを連載させていただいている、北海道の自動車と文化の情報誌『カーピア セロム』の編集長にして、イベント工学研究所代表の佐藤公社長。いつもダンディでお洒落な佐藤社長に、ハイグレードなサービスを受けるに相応しいカスタマー（お客様）になるにはどうしたらよいかを伺いました。

若い時から一流の場で経験を

コーディネートなど、完璧ではありませんが、できるだけの心構えをするようにしています。洋服は妻に見立ててもらい、例えばお腹がしまって見えるように、インナーにはダークな色を合わせるなど、おしゃれを楽しむことで、気持ちに変化がつきます。

中でも特にこだわった物を一つでも身につけることがコツです。自身ではメガネにこだわり、ヨーロッパの新作フレームメガネを20個以上持っています。東京出張の合間に、世界のおしゃれなメガネを紹介している表参道ヒルズのメガネショップ『リュネット・ジュラ』で購入しています。

次に「情に根ざした洞察力、感性を身につける」ことを意識しています。

「洞察力」は奥が深いことばです。洞察力を高めるには「観察力」を磨くこと、感性を磨くことでもあります。良い人脈、友人を持つことも大事です。「類は友を呼ぶ」の諺（ことわざ）があるように、友人（同性、異性）の品格で、その人の人間性の一端が判断されることもあるからです。

最後に、「人に好かれる行為、作法を身につける」ことです。つまり、一流人とは「他人にさりげなく感動を与える、やさしさを持ち合わせた人」だと言えるでしょう。

昔、大学の先輩から「若い時から、いろいろ一流の場を経験する心構えが大事。しかも自分のお金で自己投資をすること」とアドバイスを受け、極力実行するようにしていました。上流社会で行われていることを若い時に知り、学ぶことは、自己の人格形成、向上心に欠かせない要素だからです。

勉強になった一流の場として印象に残っているのが、社会人になって間もなく、地場企業大手の役員K氏から、当時の札幌社交界で有名であった高級料亭『エルム山荘』（現在の『エルムガーデン』）に、社会勉強の場として招待されたことです。豪華な料理と「さっぽろ名妓連」（札幌市の芸妓団体）による芸妓（げいこ）とお座敷、舞踊、遊び、そして社交界のマナーなど、その時に体験した「一流の流儀」の感動は今でも忘れられません。そこは一流の経営者、文化人の社交の場の一つでもありました。自分も努力して、早くこういう一流の場を踏めるような人間になりたいと願望したものです。

エルムガーデンは、戦後間もない1946年に開業し、2003年春までは高級料亭『エルム山荘』として長きにわたり営業をしてきた由緒ある札幌の料亭でした。田中角栄、大山康晴、長嶋茂雄などという各界の著名人たちに愛されてきたこのエルムガーデンのコンセプトは、「北海道の四季を楽しめる極上和リゾート」。店の佇まいや空間、料理の素材やシェフも「超一流」を目指し、行き届いたこの店は、

「ここぞ！」という大切な日の演出には完璧な料亭でした。

また、ここの名物でもある日本庭園は、北海道のなかでも屈指の美しさ。なんと庭の広さは1000坪以上というのですから、驚きの敷地面積ですが、ここに一歩足を踏み入れると、日頃の喧騒とは無縁の空間が広がっています。古き良き日本の良さと、現代の良さを融合させたような造りは、エルムガーデンならではの佇まいです。現在の『エルムガーデン』は前身のおもてなしの心を継承し、ここでしか味わうことのできない四季折々の風情を愉しめるレストランとして好評を得ています。

また幸いにして、2018年に弊社の創立40周年記念の祝賀会で『さっぽろ名妓連』による華やかな舞踊を企画し、人生の願望（？）の一つを実現することができました。

若い時にさまざまな社交界の姿を経験することは、自身の糧になり、いずれ花が咲き、実を結ぶことになるでしょう。

株式会社イベント工学研究所
札幌市中央区大通西24丁目1－1
TEL：011－642－4661
URL：http://www.event-kougaku.co.jp/

エルムガーデン
札幌市中央区南13条西23丁目5－10
TEL：011－551－0707
URL：https://www.elm.cc

「さっぽろ名妓連」事務所
e-mail：sapporomeigi@gmail.com
TEL：070－4385－4397

客っぷりを上げるには　2

株式会社丹羽企画研究所 社長　丹羽祐而さん

そしてもうおひと方、前述の『カーピア セロム』でエッセイを連載しておられ、私もゲストで呼んでいただいた「イベント工学研究所創立40周年記念・カーピア セロム創刊35周年記念」式典で主賓スピーチをされた、(株) 丹羽企画研究所の社長で、元・札幌市教育委員長他、北海道を中心に数々の活躍をされてきた、丹羽祐而さんにもお話を聞かせていただきました。

積極的に話しかける

僕は昔から人との関わりが好きで、どうやったらうまくコミュニケーションできるかを考えた時、あるドアボーイのインタビューが目に留まったんだ。彼は多くのお客様を覚えるのに、積極的にその方の名前を呼んで話しかけるようにしたと。それが心に残っていて、自分も実践してきた。

札幌青年会議所に6年程在籍していたころ、例会や会議でホテルを利用することが多かった。そんな時、駐車場から始まって社長まで、名前で呼んで声をかけて歩くようにしていたら、30年経った今でも、僕を見かけるや否や、向こうから声をかけてくれるようになったんだ。

30年も経つと、当時の新人がみんな課長や部長クラスに出世しているから、とてもリラックスできる。家族で食事に行った時、僕がホテルの人たちと会話しているのを娘が見て「自分のお家みたいにしてるわね」と言われたよ。

それと、もう引退したんだけど、知る人ぞ知る大物が札幌グランドホテルに事務所を持っていて、著名人が多く訪れていた。僕もよく顔を出していたのですが、**ホテルを根城にすると、飲食には困らないし、24時間対応してくれるから便利です。**

まだパソコンのない時代だったから、海外との時差も関係なく、ＦＡＸを届けてもらえたしね。

第三章

最上のおもてなしとは？

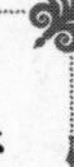

ホテルを舞台にした映画

私が、隠居するならゼッタイこんなホテルがいいと思った映画があります。カンヌをはじめ世界の映画賞に輝いた、イタリア、フランス、イギリス、スイス合作の映像美で描く、パオロ・ソレンティーノ監督の『グランドフィナーレ』というシネマティックオペラです。アルプスの高級ホテルに集う、癒しを求めるセレブ達。女王陛下の演奏家が再起を頼まれ迷う日々――。サッカー選手からミス・アメリカまで、世界中のセレブが避暑兼治療に訪れる、スイスの『ラ・プレリー』のような、スパクリニックホテルを舞台にしたリッチな気分の映画です。

ラストにジェーン・フォンダが出てくるのもユニークでした。

フランスのニースやカンヌは、国際保養地として知られていますが、元々はイギリス人が結核の保養地のために作った街です。あの、映画評論家の淀川長治さんは、晩年をホテルで暮らされましたが、私も良いコンシェルジュを見つけて、老後は作家を続けながら、ミニマムにジュニアスイートで暮らすのも理想だなぁと、密かな夢を抱いています。

ホテルを舞台にした映画は数多くありますが、一番有名なのは、第5回アカデミー賞最優秀作品賞を受賞した、1932年発表の『グランド・ホテル』でしょう。ホテルを舞台に同時進行で繰り広げられる様々な人間模様が交差するというオムニバス映画のさきがけです。ルキノ・ヴィスコンティ監督の『ベニスに死す』も有名です。個人的には、フランシス・コッポラの愛娘ソフィア・コッポラが日本ロケで、新宿のパークハイアット東京を主な舞台に撮った代表作『ロスト・イン・トランスレーション』も少し憂鬱な世界観が好きです。

52階にあるNYレストランとバーは、開店以来、私もお気に入りの場所です。エレベーターが開いたら、もうそこは『ブレードランナー』の世界！　ライブラリー風のフロントや、写真のコラージュがユニークなイタリアンレストラン、竹林のカフェなど、ホテル全体が美術館のようで、海外アーチストや、「原稿を書くならここ」という日本の作家の滞在も多いそうです。

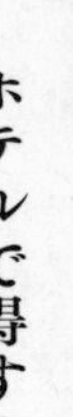

ホテルで得する人・損する人

海外のホテルやレストランでスタッフと顔馴染みになったら、ちょっとしたプレゼントをするのがお勧めです。現地の人にとっては珍しい日本土産を渡すと、あなたの印象も強く残ります。

七味唐辛子やだしの素、京都の黒山椒など、日本独特の調味料や、入浴剤は喜ばれます。抹茶や日本茶のティーバッグもお勧めです。世界中のどこへ行っても、お茶を振る舞うことは大事なおもてなしでありコミュニケーション手段です。日本茶について話しているうちにスタッフともすぐに仲良くなれますし、どれも小さくて軽いので、旅先でも負担になりません。近年では100円ショップのダイソーなどで、海外向けに和調のお土産がたくさん売られていて便利です。

誰にでも優しく丁寧に接するコツのひとつは「相手に興味を持つ」ことです。そっけない会話だけで済ませるのではなく、ゲストの仕事について聞いてみる、ホテルの内装について感想を言う、レストランで料理の素材について質問する……など、好奇心を持って褒めれば、自然に会話も弾むはずですよ。

■あまり距離感を詰めすぎると見透かされる

これまでの「一流」シリーズでは、ホテルスタッフと仲良くなる方法として「名札を見て、スタッフの名前を呼ぶ」ことを推奨しましたが、最近では少し事情が変わってきているようです。

「名乗ってもいないのに、名札だけを見て名前を呼んでくるゲストは『自分ってイケてるでしょ？』という気持ちが透けて見えてしまいます」と打ち明けてくれたホテルスタッフ。ゲスト側のテクニックもお見通しのようです。

また、名札をチラ見するゲストには「本社やアメックスの調査員では？」と疑いを持ち、警戒してしまうこともあるとか。たしかに、相手が自分を値踏みしているのかもしれないと考えたら気が気ではなくなってしまいますね。

ですから、ホテルスタッフに対してもごく自然に「どうもありがとう。お名前は？」などと尋ねた上で名前を呼んだ方がよさそうです。きちんと順序を追った上で名前を呼ばれ感謝されれば、そのコンシェルジュもとても嬉しいと語っていました。

■クレームとコンプレインの違いは

ホテル業界においては「クレーム（claim）」と「コンプレイン（complain）」を分けて考えます。普段はネガティブな意味で使われることの多い「クレーム」ですが、本来は「権利を行使する」という意味の言葉です。一方のコンプレインは「苦情、不平を言う」という意味を持ちます。つまり、クレームは「ホテル側に非がある時の正当な指摘、改善要求」であり、コンプレインは「ホテル側に非がない時の苦情、言いがかり」を意味します。

前者の正しい意味でのクレームならスタッフは謝罪し、誠心誠意対応してくれるはずですが、後者のコンプレイン（ホテル業界ではコンプレと略すとか）だと、まともには取り合ってもらえません。スタッフに苦情を伝える時は、あなたの要求が「コンプレイン」になってしまっていないかどうか、冷静に考えてみましょう。

逆に、スタッフに任せるべきところは任せるのもマナーです。手荷物についても、「自分で運ぶから結構です」と遠慮する人がいますが、ゲストが自分で、しかも女性が荷物を運ぶのは高級ホテルの雰囲気を損ないますし、スタッフにとっても仕事を奪われる形になります。そのゲストはよかれと思って自分の荷物を運んでも、スタッフからすればありがた迷惑なのです。

クレームをつける際は、感情をコントロールして、周囲の人に不快な思いをさせないことです。喜怒哀楽を激しく見せず、緊張したり、イライラしそうな時は、バレリーナのように手先とつま先に意識を集中させればリラックスできまよ。

身振り手振りは軽めで、大げさなジェスチャーは下品に見えるのでしないことです。相手が話に集中できなくなり、ストレスを与えてしまいます。

がさつに物やお金、お皿を投げて音を立てるなどもってのほかです。

サービスマンが忙しそうなら「お手すきの時でいいですよ」と、一言添えればいいでしょう。その方が相手は手早くやってくれるから、不思議です。

■非日常を満喫できるエグゼクティブフロア

高級ホテルには「エグゼクティブフロア（クラブフロアとも）」という施設が設けられていることがあります。エグゼクティブフロアとは、ランクの高い部屋に宿泊したゲストにのみ提供されるラウンジのこと。

ほとんどのエグゼクティブフロアには軽食やドリンク、スイーツなどが無料で提供されるほか、専属のコンシェルジュのサポートも受けられます。また、チェックイン・チェックアウトをフロア内で行えるところも多いので、フロントでの混雑を避けることもできます。

エグゼクティブフロアはハイクラスな部屋に宿泊するゲストのための空間ですが、ホテルによっては別料金で友人を招くこともできますので、大切な人との会談の場としてもオススメです。

多くのエグゼクティブフロアでは電源やWi-Fi、FAXの他、クリーニング、プレス、靴磨きなどのサービスもありますので、ビジネス用途で宿泊する人にとっては旅先のオフィスとしても利用できます。

■ゲストの心に寄り添うサービスとは?

一流ホテルのスタッフは、粋なサプライズでゲストを喜ばせてくれることもあります。私が印象に残っているのは、私とスタッフも愛用しているIT機器メーカーの方から伺ったサプライズエピソードです。

彼が、ご両親と娘さんの4名でホノルルの『トランプ・インターナショナル・ホテル・ワイキキ』を訪れた時のことです。

彼は、その4年前にも娘さんと奥様の3人で同ホテルを訪れていました。その時も娘さんの誕生日にサプライズケーキをプレゼントしてくれるなどの手厚いもてなしを受けていたため、ホテルのマネージャーに感謝のメッセージを送ったそうです。

メッセージを受けたマネージャーも彼との再会を喜びました。そして、その会話の中で「奥様はご一緒ですか？」と聞かれたため、彼は奥様が前年に亡くなったことを話しました。4年前の時点ですでに大病を患っており、その時の旅行は、パワースポットであるハワイに彼女を連れてくるためのものだったのです。

奥様が亡くなっていたことを知ったマネージャーは大変悲しみ、彼らを、予定していたよりも良い部屋へと案内しました。一家が部屋に入ると、そこには綺麗なピンクの花が木の器に入って飾られていました。隣に添えられたマネージャーからのメッセージには「奥様が亡くなられたのはとても残念です。この花びらを海に流すことで、死者の魂が安らぎますよ」と書いてあり、とても感動したそうです。

■サプライズサービスをコンシェルジュに相談する

スタッフ側からのサービスだけではなく、ゲストが企画するサプライズサービスの要望に応えてくれるホテルもたくさんあります。

たとえば、ザ・リッツ・カールトンのサイトでは「アメニティーギフト」の予約フォームが設けられています。事前に予約しておけば、お誕生日などのアニバーサリーケーキやシェフ特製のスイーツボックス、季節のフルーツ、シャンパン、花などが提供されます。もちろん、お部屋に届けるタイミングも指定できますので「恋人が誕生日を迎える0時に届けてほしい」なんてリクエストもできます。

料理やお酒だけではなく、バラの花びらでベッドの上に文字を書いたり、花束を部屋のロッカーに隠しておいてくれたり、クリスマスにはツリーを部屋に置いてくれたり。プレゼントを預かってもらうこともできますので、ディナーの時にスタッフに届けてもらうなどのサプライズも可能です。

また、東南アジアを中心に欧米や中国などで展開しているアマンリゾーツもサプライズにとても協力的なホテルです。記念日にサプライズディナーやケーキを用意してもらえるのはもちろん、海に面しているホテルならビーチバーベキューも。

バスタブに花びらを浮かべてくれたり、名前入りのペンを届けてくれたりといった、ホテル側からのサプライズが提供されることがあるのも魅力で、そのサービスにハマったヘビーユーザーを「アマン・ジャンキー」と呼ぶそうで、私もその一人です。

前述の二つのホテル以外にも、企画や予算によってサプライズの可能性は無限に広がります。中には、指定した時間に花火を打ち上げたり、専用のヘリコプターやクルーザーが迎えに来てくれたりなどの大規模なサプライズを成功させた例もあるようです。

サプライズはまさにプライスレスなサービスですから、内容については各ホテルに問い合わせてみてください。あなたのアイデア次第で、一生の思い出になる記念日を演出できるはずですよ。

■サプライズは思い切り喜んであげましょう

ホテルやレストランで、あなたが他人のバースデーやプロポーズなどのサプライズに遭遇することもあるかもしれません。そんな時、あなたはどう対応するでしょうか？　私のお勧めは「映画のように、思い切り祝福してあげる」です。

こういう状況では、欧米のセレブは笑顔を作り、見知らぬ他人を祝福します。彼らだって、いつも心から知りもしない人の記念日を喜んでいるわけではありません。ですが、彼らはそういった振る舞いがスマートであり、場の雰囲気を盛り上げることを知っているのです。

■伝統あるホテルが発表の場として利用される理由とは

東映の元プロデューサーであり、現在も数多くの作品を手がけておられる遠藤茂行さんにうかがった話です。数多くの映画、そして発表記者会見を経験した遠藤さんによると「一流のホテルや料亭は導線も素晴らしい」とのこと。ここで言う導線とは、廊下の広さや内装だけではなく、俳優の心理まで考えられた通路のことです。

例えば大物芸能人が記者会見を開く時、普通の廊下を歩いていては一般人に捕まり、囲まれてしまうかもしれません。そんな時のために、一般客に見つかることのない秘密の順路が用意されているのです。私も毎年、流行語大賞の発表会に参加するため帝国ホテルを訪れますが、裏に同様の順路が用意されていました。

高級料亭も同様で、例えば、対立する二人の政治家から予約があっても、店内で鉢合わせしないような設計、配慮が施されています。最近では効率重視でこのような設計がなされていないホテルもありますが、大きく古いホテルには、このような「いい意味での無駄」も取り入れられているのです。

■話題の長期滞在プラン

最近、あちこちの名門ホテルで始まった定額制の長期滞在プラン。これなどまさしく、コロナによって誕生したホテルの新プランといえます。

「帝国ホテル　サービスアパートメント」を皮切りに、名だたる都会のホテルが長期滞在型プランを格安で提供し、オフィスとして使えるようになりました。面倒な契約もいらず、ホテルのサウナやプール、フィットネスセンターも使え、車一台分の駐車場代込みですから、都心の一等地に24時間使えるオフィスがあるというのはとても便利です。

他にも、日中だけオフィス代わりに部屋を貸しているホテルもあるので、近郊在住の人や、都内で打ち合わせなどがある際に、気分を変えてオフィス代わりに利用するのもオススメです。

コンシェルジュはこう見ている

『ザ・カハラ・ホテル＆リゾート横浜』ディレクターオブコンシェルジュ　阿部泰年さん

『ザ・カハラ・ホテル＆リゾート横浜』が2020年9月にオープンしたというニュースをTVで見て、ハワイの『カハラ・ヒルトン』を懐かしく思い出しました。80年代、リッチな気分を味わいたい時に泊まった『ザ・カハラ・ホテル＆リゾート』の前々身のホテルです。他にも『シェラトン・モアナ・サーフライダー』や『ロイヤルハワイアン』、エステの取材では『イヒラニ』に滞在した思い出があります。

そのニュースではさらに、リゾートトラスト株式会社の伏見有貴社長がインタビューを受けていらっしゃいました。そこで、かつて『東京ベイコート倶楽部 ホテル＆スパリゾート』にいて、現在は神戸の有馬温泉郷にある『エクシブ有馬離宮』の料飲部支配人の川合彰さんに、久しぶりに連絡してみました。

川合さんは、数年ぶりにもかかわらず「いつかさん、お元気ですか。ご無沙汰しています」と、開口一番私の名前を呼んでくれたのはさすがです。「確かいつかさん、うちの伏見社長とも昔、西新宿のサンメンバーズ（名物バーテンダー鮫島育夫さんがいらしたバー）で飲んだことありますよ。懐かしいですね。カハラはうちが経営しています」と、快くコンシェルジュを紹介してくださいました。

『ザ・サハラ・ホテル＆リゾート横浜』のディレクターオブコンシェルジュの阿部泰年さんは、現在、日本コンシェルジュ協会の会長で「レ・クレドール（フランスにて発足されたホテルのコンシェルジュのネットワーク組織）」のメンバーでもあります。

まずはなんでも相談を

日本人のお客様は、コンシェルジュに声をかけるのを躊躇（ちゅうちょ）されるお客様がまだまだ多いのが現状です。欧米の方は、気軽にお声がけくださいます。その場で困っていることがありましたら、どうかお気軽に。道案内やレストラン、観光、各種チケットの手配や記念日のお手伝いなど、法律に触れないことはなんでもさせていただきます。

常に豊富な知識や新しい情報が求められる仕事ですので、多様化するニーズに対し、知識と知恵で魅力的にお応えできるよう心がけております。当ホテルに滞在される前に、メール等でご質問いただくこともできます。初対面でも既に知り合いのような関係ができるので、お越しいただいた際にはスムーズに対応させていただけます。

また、私たちコンシェルジュは、人と人とのネットワークを非常に大切にしております。よって、他のコンシェルジュをご紹介させていただくことも可能です。常に情報交換をして、お客様のリクエストに応えられるよう準備をしているのです。たとえ、滞在されてないお客様でも同じように接し、ホテルを気に入っていただき、次回に利用していただけたら嬉しく思います。

心温まる話としては、開業日にいらしてくださったお客様のエピソードがございます。次にホテルオークラ福岡に滞在したいと頼まれ、現地のコンシェルジュをご紹介したところ、お出迎えからお見送りまでアテンドしてくれたそうです。後日、その方がお礼にみえ、当ホテルのカハラコレクションのチョコレートを是非、福岡のコンシェルジュに送りたいとおっしゃっていただきました。連携が取れてとても嬉しかったです。

最近はロボットやＡＩなど、フロントに人がいないホテルも増えておりますが、それをよしとするか悪しとするかは別にして、そこに熱があるかどうか、思いやりと愛を込められるかがサービスだと思います。コロナ禍中でもあり、なかなかお客様とも接することができない昨今、私達ホテリエはサービスすることに飢えており、うずうずしております。横浜で、地元から世界中に愛されるホテルになりたいのです。

ザ・カハラ・ホテル＆リゾート横浜
ＵＲＬ：https://thekahala.jp/yokohama/

チップと日本人

長嶋一茂さんの最近のコメントには共感することが多く、俳優としてもファンでした。月の何分の一かをハワイで暮らしていらっしゃるそうですが、以前、レストランで隣に座った白人家族のほうが、明らかに格差をつけて良いサービスを受けていたことに差別を感じ、態度が悪かったので少しのチップだけ置いて店を出たところ、わざわざウエイターが追いかけてきてチップを請求され、頑としてはねつけたと、TVで話していました。私にはその意味が理解できます。

「この一件で翌日から、ハワイのどこのレストランでも、日本人に対してサービスが良くなったらしいけどね。子供には『パパ、やめて！ ちゃんとあげて』と言われたけど、納得できないサービスには支払えないし、日本人はハッキリ文句を言わないのもいけないんだよ」と。確かに、ニューヨーカーでも、悪いサービスの場合は、1ペニーしか払わない主義の人もいます。チップに不慣れな日本人は、やたら多くチップを渡したり、渡すタイミングを心得ていなかったりで、海外では不器用だと思われています。

またヨーロッパのホテルでは、日本人だけ狭い窓なしの部屋に通され、なぜかそのフロアーほとんどが日本人。私が英語で疑問を投げかけたところ平謝りされ、別の快適なフロアーへチェンジされたこともありました。日本人はおとなしく、クレームも出ない（言葉がわからない）ので、というエクスキューズでした。預けたものが出てこない場合（ガイドに再度取りに行ってもらいましたが）などは、「大事にしすぎました」という常套句もあるのでご注意を。

まぁ、彼らは方便がとても上手です。イタリアなどは、4人に道を聞かねば正確な答えはわかりません。皆、陽気に、知らなくても答えてあげることが大事だと声を揃えて言うから驚きです。

外国人から言わせると、日本ほど治安が良い国は他にありません。清潔で、交通機関も宅配便も時間に正確で、皆が親切で気配りに溢れる国なのだそうです。これは、外国人が多く住みたがる理由の一つです。

逆に言えば、日本にいる感覚で海外に行くと、絶好のカモ、ということになります。

治安の悪い国では、これからの予定を聞かれても、決して本当のことを言ってはいけません。「明日はどこどこへ行く」と正直に日本人は話してしまいますが、西なら東と答えないと、待ち伏せされ、犯罪に巻き込まれるかねません。

片言の日本語でいきなり話しかけてくる素性のわからない相手のことはまず疑い、名前や年齢など、一切答える必要などありません。白タクに乗せられてボラれたり、土産店に連れて行かれ、高いものを買わされたりします。

旅はドアツードアまでが旅行なので「あとは帰るだけ」などと、決して気を抜いてはいけません。

問題が起こった際の対処法

日本ではチップの習慣がないせいか、サービスに対する意識が低いのが問題です。サービスに期待しないから、サービスそのものが廃れてしまうのです。

間が悪い（こちらが来てほしい時には気付かず、会話が佳境の時に入ってくる）、スピード感がない（ソースなどが冷めた頃、最悪は食べ終わった頃に必要なものを持ってくる）、瞬発力に欠ける（ショートカクテルなど、一気に飲み干したいものがなかなか来ない）サービスマンにはがっかりしてしまいます。

そんな時のクレームは、大声で叱るのではなく、小声で、聞き入れてもらうように、丁寧に話しましょう。それぞれの立場を認め合って、取引をするように長く付き合うスタンスで。

また、店の雰囲気が荒れて、客層が悪いと思うなら、従業員に目配せで合図をするか、さりげなく席を移動させてもらいましょう。他のお客様に迷惑をかけているような客は、もはや客ではありません。以前、劇場でつまみ出された迷惑客に、観客が拍手で応える出来事がありました。

クレームにはその場で解決策を提示する店でないと困りますし、客側も、想定外のアクシデントに対し、慌てずその状況を面白がれるかどうかの度量も試されます。

昔からホスピタリティが売りの、あるホテルのラウンジで、まさかの会計二重取りをされたり、親子三代で利用していた某プラザホテルで、せっかく宴会のお客様を紹介しても、ずさんな対応をされたりと、残念なことはありました。

当然、二度と足は運びませんし、そのエリアから足は遠のきます。報(ホウ)・連(レン)・相(ソウ)もできていない、かといってエンパワーメント（権限委譲）もない、責任のたらい回しにはうんざりしました。

困ったことに客は、良くて当たり前で、満足しなければ勝手に来なくなります。よって答えは簡単です。「文学賞以外、もう行きませんから」となるわけです（コロナ禍で、文学賞授賞式自体がなくなってしまったことは皮肉ですが）。

とある観光地のレストランでは、いつも客が行列になるため、地元の学生バイトをたくさん雇っていましたが、ろくに従業員教育もしていないようで、「どうせ今日だけの観光客でしょ」という態度がありありでした。この観光名所では、電柱が見えないよう地中に埋めたそうですが、いくら景観に力を入れても、サービスやおもてなしができていないのでは本末転倒で、果たして本当の意味で成功しているのかどうか疑問です。

また淡路島のペンションで、魚が美味しかったので名前を聞いただけなのに、「この値段じゃ鯛は無理ですよ」と言われてがっかりしたこともあります。ひねくれた受け止め方しかできない、安かろう悪かろうとはこういうことだと思いました。

ミシュラン兄弟のアイデアから生まれた「旅のガイドブック」

日本ミシュランタイヤ株式会社　執行役員　本城征二さん

私には世界各地で暮らす友人がいますが、その多くの方が「日本の食事が一番！」と口を揃えます。たしかに私の目から見ても、東西を問わず、世界各国の料理が一定以上のレベルで、しかも一都市で食べられる街は東京だけです。日本人でも気が付いていない人は多いのですが、東京は世界でも稀にみる美食都市なのです。

そんな東京の美食を世界に広く伝えているのが、私も毎年、発表会に出席させていただいている「ミシュランガイド東京」です。たとえばミシュランガイド東京2021は、星付き店が212軒、ビブグルマン（価格以上の満足感を提供するお店）は234軒となっています。東京だけでも、合わせて446軒もの価値あるお店が並んでいることとなります。

もちろん東京のみならず、京都・大阪版をはじめ、特別版も含めればこれまでに発行したエリアは25カ所あり、ミシュランガイドは全国へ広がり続けています。

世界的なタイヤメーカーである「ミシュラン」が、旅と美食のガイドブックを発行している理由をご存知ですか？　そこには、彼らが創業当時から受け継いできた大切な理念があるんです。

その成り立ちの経緯やミシュランガイドの楽しみ方について、日本ミシュランタイヤ株式会社ガイドブック事業部の本城征二さんにお話を伺ってみました。

始まりは自動車利用促進のガイドブック

おかげさまでミシュランガイドは120年の歴史を持ち、現在では30カ国以上で発行されています。そのため、ミシュランと聞くと「ミシュランガイド」を先に連想される方もおられるほど、広くご愛読いただいております。

「なぜ、タイヤの会社がレストラン情報の提供を？」という質問もたまにいただきますが、そこには、ミシュラン創業者から受け継がれた理念が込められているのです。その理念を語るために、まずはミシュランガイド誕生の経緯についてご説明いたします。

ミシュランガイドの創刊は1900年にまで遡(さかのぼ)ります。発案者は創業者でもあるアンドレとエドワール・ミシュラン兄弟。当初はドライバーに道路地図やガソリンスタンド、自動車修理工場や休むための宿泊施設などの情報を提供する、無料配布のガイドブックでした。

フランス全土でも3000人しかドライバーがいないと言われた時代、ミシュランガイドは3万5000部も発行されました。「自動車の利用を促進すれば、ミシュランの認知も高

アンドレ（左）とエドワール（右）のミシュラン兄弟
©MICHELIN

まるはず」と考えたミシュラン兄弟の大きな賭けでした。結果、この試みはドライバーたちに広く受け入れられ、ミシュランガイドは1世紀を経た現在も世界で親しまれる存在となっています。

1900年当時の長距離ドライブは、まさに大冒険。地図はわかりにくく、舗装のない危険な道も多く、車の乗り心地も今ほど快適ではありません。彼らの目的は「空気入りタイヤの長距離実験」でした。当時用いられていた中実タイヤ（中身までゴムのタイヤ）に代わる空気入りタイヤを普及させるため、彼らはパリ・ブレストを往復する自転車レース、ひいてはパリ・ボルドー自動車レースに参加したのです。

フランス各地の情報が、ミシュランガイド創刊へとつながっていきます。

当初は無料配布だったミシュランガイドは、1920年に有料となりました。アンドレ・ミシュランが、あるタイヤ販売店で、傾いた作業台の下にミシュランガイドが置かれているのを見たことがきっかけだと言われています。アンドレは「人々はお金を払ったものしか大切にしない」と感じ、翌年から7フランの価格を付けました。同時に広告を外し、史上初となるパリのホテルリストを含め、レストランとホテルの分類システムを導入しました。こうして、現在知られているミシュランガイドの原型が誕生したのです。

数年後の１９２６年には、美味しいレストランに初めて「星」が付きました。さらに１９３１年にはフランスにて「三つ星」による評価制度が導入されたのです。

ミシュランガイドの一つ星は「近くに訪れたら行く価値のある優れた料理」、二つ星は「遠回りしてでも訪れる価値のある素晴らしい料理」、三つ星は「そのために旅行する価値のある卓越した料理」と定義づけされています。

近年では星以外にも「ビブグルマン」「ミシュランプレート」というピクトグラム（マーク、絵文字）での評価も追加されました。

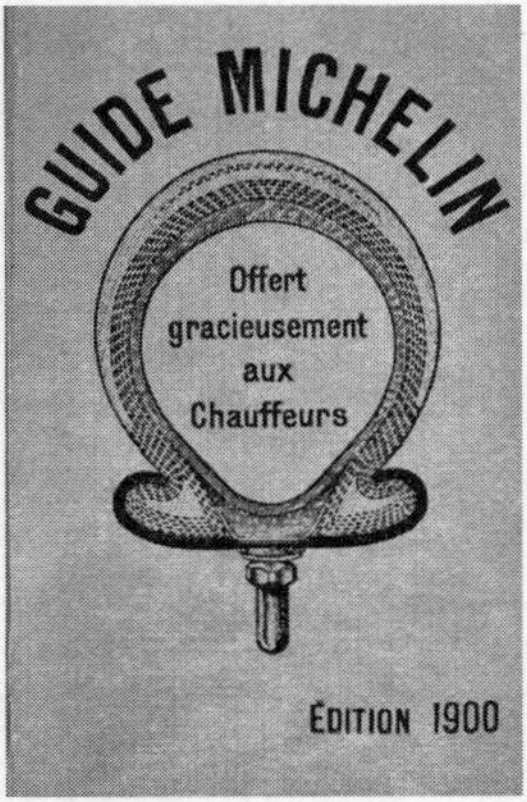

1900年に誕生したミシュランガイド
©MICHELIN

「ビブグルマン」は１９９７年から導入されたピクトグラムで、我が社のキャラクター「ビバンダム」の顔文字となっています。大柄で食いしん坊な彼が満足するような、価値に見合った価格のお店につけられています。

「ミシュランプレート」は適正な食材で作られた「ミシュランの基準を満たした料理」で、２０１６年に導入された新しいピクトグラムです。

どの評価も「読者の皆様に足を運んでほしい」という思いで、お店選びの参考にしていただけるようにつけています。ミシュランガイドは、料理の美味しさだけを紹介する本ではありません。各地のレストランを訪れる「過程」も含めて楽しんでほしいと願う、旅を楽しむためのガイドブックです。

ミシュランの評価基準

ちなみに、ミシュランの評価は純粋に「料理の味」だけを評価したものです。そのため、星を取得したお店が高級店とは限りません。狭くて窮屈な屋台の料理が星付きの評価をされることもあれば、高級で快適なレストランでも星付きにならないこともあります。

それら料理の味とは別の部分、施設の快適さ、プロフェッショナルなサービス、器やカラトリーなどは別のピクトグラムで表示されます。

その料理の評価を決定するのが、ミシュランガイドのシンボルである調査員です。ミシュランガイドの歴史の中でも調査員は大きな差別化のポイントであり、シンボルです。彼らが積み上げてきた専門知識は大切な資産でもあります。

美味しい料理を食べながら旅をする彼らの生き方を羨ましいと思う方もいらっしゃるかもしれませんが、調査員の仕事は決して楽ではありません。調査員は男女ともにホスピタリティ業界（ホテル、レストランなど）の経験者であり、美食を求めて各地を飛び回る探究者です。彼らは読者に紹介すべきレストランを求め、平均して1年間に3万キロを移動します（欧州の調査員の場合）。

調査員には非常に専門的な知識とスキルが要求されるため、人材の確保は容易ではありません。調査員はホスピタリティ業界での実績に加え、揺るぎない味覚と、個人的な好みに左右されず客観的に評価する能力が求められます。

調査員は一般客として入店し、読者の皆様と同じ体験をすることを目指します。調査員と名乗らず、普通に予約、注文、食事、支払いを済ませて店を出ます。さらに情報が必要になった場合には、調査を済ませた後で身分を明かして取材をします。客観性と匿名性、独立性こそが、ミシュランの信頼性を守っているのです。

フランスの調査員を例に挙げますと、彼らは3週間ごとにパリ近郊のオフィスに戻り、ミシュランガイドを統括するディレクターと話し合い、編集者にレポートを提出します。この時の評価基準は、

1．素材の質
2．調理技術の高さ
3．味付けの完成度
4．独創性
5．常に安定した料理全体の一貫性

という世界共通の5項目となります。

レポートを受け取った編集者はレストランやホテルの紹介文を完成させます。書き直しや削除も含めれば、その原稿は何万件にものぼります。

編集者が原稿を書く間、調査員は次の旅に向けての計画を立て、レストランやホテルに予約を入れていきます。調査員が1カ所に落ち着いている時間はごく僅(わず)かで

す。

最終的な星の評価は、年に数回、現地のディレクター、調査員、インターナショナルディレクターが集まる「スターセッション」で決められます。評価は全員の合議で決まり、同意が得られない時はお店に再訪を計画します。

調査員は全員、ホスピタリティのプロフェッショナルですが、技術や知識だけでは務まりません。彼らは全員、食への好奇心、探求心を持った一流の美食家でなければなりません。料理を愛し、才能あるシェフの発掘を喜びとし、その素晴らしい体験を読者に共有したいという情熱が求められます。

これら各地のミシュランガイドを手に、身近なところからでもいいので旅への一歩を踏み出してほしいですね。

ミシュランタイヤのミシュランガイドは、皆様にモビリティ（機動性）とエクスペリエンス（経験）を提供するために存在します。ミシュランガイドを手に、旅に出てください。そしてレストランを訪れたら、お料理と同時にシェフやスタッフとのコミュニケーションを楽しんでほしい。料理の説明などを聞いて、エンタテイメントとしてレストランを楽しんでほしい……それがミシュラン兄弟から受け継がれるミシュランの願いです。

クラブミシュラン
URL：https://clubmichelin.jp/

相乗効果で最高のパフォーマンスを！

『ファイヤーホール4000』『4000 Chinese Restaurant』
オーナーシェフ　菰田欣也さん

中華の鉄人・陳建一さんの高弟で、ＴＶ『料理の鉄人』（フジテレビ系）ではスーシェフとして活躍。約30年、四川飯店グループを支え続け、２００７年に独立して火鍋専門店『ファイヤーホール４０００』や『４０００ Chinese Restaurant（ヨンセンチャイニーズレストラン）』のオーナーシェフとして、ＴＶでも大活躍の菰田欣也シェフ。モダン・チャイニーズで10皿以上出てくるコース料理は、器も盛り付けもとても美しく、中華と和食の融合を感じました。コロナ禍でテイクアウトや通販も始められ、私の事務所でも注文させていただいております。

店側もリアクションで盛り上がる

僕が考える一流のお客様とは、「楽しもう」という気持ちで来てくださるお客様ですね。味はもちろん、見た目も楽しんでいただきたいと思い提供させていただいているお料理に対して、寡黙でリアクションが全くないと盛り上がらず、店の雰囲気も変わってしまうように思います。うちに限らず、他所に食べに行く時も、作り手側、サービスする側を乗せるのもお客さんの腕で、それがそのままモチベーションに繋がり、料理に返ってくるのではないでしょうか。やはり、喜んでいただけると、こちらのパフォーマンス力も上がりますね。

また、アレルギーや苦手な食材があれば、その食材を避けて皆さんのコースを組み立てられるので、予約時に教えていただきたいです。いらしてからお伺いすると、その場でメニューを組み立て直さなければいけないので、一緒にいらしたお客様をお待たせするなど、ご迷惑をかけてしまいます。

初めてご予約をされるお客様は、「初めてなんです」や、「〇〇さんからの紹介で」とか「TVで観て」「〇〇をいただいてみたくて」などおっしゃっていただけると助かります。スタッフもできるだけ情報が多い方がサービスしやすいですし、お互いの会話のきっかけになりますので、場が弾みやすいです。

僕自身がプライベートで食事に行くのは、家族で行くことが多いですね。大学生の息子が二人いるので、彼らには「サービスする人は年上なので、敬いなさい。客ヅラしないように」と教えています。お金を払っている人が偉いわけではなく、50：50の関係だと僕は考えています。

レストラン選びは、知り合いの店に限らず、有名店に行くようにしています。名前を伏せずに伺うので、行ってシェフと会話するのが楽しみです。僕の場合はＴＶの仕事も多く、顔バレするので、名前を伏せて行くのはかえって失礼に当たります。

海外のレストランだと、ホテルに着いてからコンシェルジュデスクに行って、2泊3日の食のスケジュールを相談し、全ての手配をしてもらうようにしています。もちろん、お目当ての店はあらかじめ伝えておいて、そこにコンシェルジュのお勧めの店を加え、バランスよく構成してもらいます。

行った後は感想を伝えるなど、コミュニケーションを取るなかで、「今夜私が推薦させていただいたレストラン、楽しんでいただけましたでしょうか？」など、ホテルの部屋に戻った時に手書きのメッセージが置いてあると嬉しいですね。

ファイヤーホール４０００
ＵＲＬ：https://www.firewhole.jp

４０００ Chinese Restaurant
ＵＲＬ：https://minamiaoyama4000.jp

「お客様が主役」であることを忘れない空間作り

東京エムケイ株式会社 代表取締役社長　松原京美さん

私と東京エムケイタクシーさんとのおつきあいは古く、森英恵さんが同社のユニフォームをデザインされていた20年前に遡ります。

珍しく東京に大雪が降った日、ヨガのスクールに行かなくてはいけなくて、また、そのあと外せない会食もありました。いくつものタクシー会社に電話をしても、繋がりません。やっと繋がっても、長距離だと断られてしまいました。諦めた最後の電話の救い主が、東京エムケイタクシーでした。快く引き受けてくださり、ゆっくりですが、安全に迎えに来ていただきました。

そんな東京エムケイタクシーの松原京美社長は、まるでリムジンの最高級シートのように、会話をするほどに、相手を包み込むような安心感を与えてくださる女性でした。

おもてなしを徹底教育

子供の頃、父親と帝国ホテルに行って、ベルボーイのしなやかな動きに魅了され、その洗練されたサービスに驚きました。当社は、ムードがいいイギリスのサボイホテルのサービスが素晴らしかったので、モデルにしています。

ドアマンもコンシェルジュも一流で、世界中のVIPに愛される世界トップクラスのおもてなし。徹底された教育により磨かれ、選び抜かれた東京エムケイのドライバー。私たちは彼らを〝グランドパイロット〟と位置づけています。陸上のパイロット、車のホテルマン。コシノユマのデザイナーズブランドのコスチュームで身を包み、インカムで、お客様に敏速な対応を心がけています。

ここ近年は、インバウンドのお客様のご利用も多く、W杯、ラグビーなどのスポーツ観戦にも、空港から送迎のオファーがあります。もちろん、英会話による対応が可能で、海外の国賓や各界VIPも多数利用してくださっています。

また、ゴルフ送迎から、ビジネスで利用する冠婚葬祭まで。接待イベント、バレンタインデー、お誕生日、記念日など、社用、プライベートでもOKです。

お客様のニーズを感じる感性が大切です。皆様の一生の思い出に残る、素敵なサプライズをご提案させていただきます。観光やイベント時など特別な瞬間での「エスコートサービス」など、行き届いたサービスをご提供しております。

そして、非日常でリッチな気分を味わいたいなら、ロールスロイスで。プラス2万円でご予約いただけるので、皆さんで定員で乗れば、とてもお得です。ハロウィンなど街を練り走るパーティなどにも最適でしょう。

また、一世一代のイベントとしては、プロポーズ（花束、指輪の用意）のお手伝いもさせていただきます。シャンパングラスに指輪を忍ばせたり、100本のバラをトランクに入れて仕込んだり！　車内では、軟水をお出ししています。

観光・プライベートツアーなど、ハイヤーのコンシェルジュとしてご利用下さいませ。世界最高峰の、ハイヤーサービスです。

目的地にお連れするだけではありません。ここはあなたの応接間です。快適に過ごしていただけるよう、全てのニーズにお応えします。何より大切なのは「真心」

と、そして、一流としての「誇り」です。

車に乗る前から最後のお見送りまで、ホスピタリティ溢れる最高峰のサービスをお届けいたします。

東京エムケイ株式会社
URL：https://www.tokyomk.com
TEL：03-5547-5551（ハイヤー・タクシーコールセンター）

一流百貨店の新サービス

■リモートで買い物ができる時代

遠方の方などに向けて、百貨店は元来、オンラインサービスにも力を注いできましたが、コロナ禍にあって、急激に需要が拡大しました。自粛期間中、近くであっても買いに行けないお客様のために、ハイテクと接客を組み合わせたリモートサービスが好評を得ています。

■デリバリーやバレーパーキングで移動も快適に

現在、多くの百貨店では冷蔵機能つきロッカーを備え、手荷物を売り場から店の出入り口や駐車場まで運んでくれるポーターサービスが取り入れられています。また、いくつかの店舗では、店外の最寄り駅まで運んでくれます。

あなたが百貨店の指定ホテルに宿泊しているなら、新宿伊勢丹や阪急百貨店などでは、ホテルのフロントへ購入した商品を届けてくれるホテルデリバリーもあります。

旅先、出張先の心強い味方です。

また、新宿伊勢丹や日本橋高島屋などでは、係員が車の入出庫を代行してくれる「バレーパーキング」も用意されています。バレーパーキングは予約制なので、長蛇の列に悩まされたり、駐車場がいっぱいで入れなかったりといった面倒を避けることもできます。

さらに百貨店の飲食店でお酒を飲んだ場合、翌朝まで無料で駐車場を利用できる「駐泊」サービスを用意している店舗もあります。安全のため、車で訪れる方は覚えておきましょう。

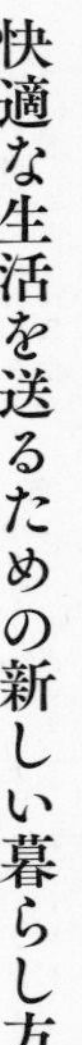

快適な生活を送るための新しい暮らし方

長く続くコロナ禍において、ずっと家に閉じこもったまま過ごすのは困難です。たとえそれが可能でも、同居人や自宅に訪ねてくる人物が、ウイルスを運んでくる恐れがあります。

外出が必要な際は、予防と『三密（密集、密接、密閉）』を意識する習慣をつけることが大切です。

換気が悪く、人が密に集まる空間で、不特定多数の人が出入りする場所というのが、集団感染が起こりやすい環境です。逆に言えば、快適な生活を送るためには、新鮮な空気が常に取り入れられていて、人があまりいない場所で、人と間近で話さないことを心がけましょう。

今や出かける際にマスクをするのは当たり前ですが、さらにサーモグラフィ等による体温測定と、出入口に設置してある消毒液をまめに使い、人が集まる会場や交通機関の座席などでは、できるだけ隣を空けて座ることです。

受け入れる側でも、換気だけでなく、アクリルスタンドで他と隔てたり、手の触れる場所や物の徹底消毒を心がけている店は安心ですが、これらの措置が取られていなかったり、従業員がマスクをしていない店には入るべきではありません。

買い物をする際も、多くの人が触ったかもしれない手前の商品ではなく、できるだけ奥から取るようにしましょう。

店や施設が対策をとってくれているからと人任せにするのではなく、大切なだれかを守るためにも、自身で危機管理対策を。正しく恐れる知識が必要です。

「三井越後屋のサービスを受け継ぐ」

株式会社三井コスメティックス　代表取締役社長　小林真由美さん

三井グループの流れをくむ株式会社三井コスメティックス代表取締役社長の小林真由美さんは、私の30年来の友人で、私の本に何度もご意見番としてご登場いただいています。いつも明るい方で、新しいもの好きで、柔軟な考え方をお持ちの方です。

お客様は自分の家族

三井財閥の発展の源は、江戸時代に商業の中心であった日本橋で、大成功を収めた呉服店『三井越後屋』にあります。

三井越後屋は、それまでは訪問販売&ツケ払いだった商法に革命を起こし、店前販売&現金掛値なし（定価即金払い）を打ち出しました。さらには反物の切り売りした。

と、即日仕立て上りを可能にし、織物ごとに専門のアドバイザーをつけて対応しました。

機を使って布を手織りしていた当時、呉服はかなりの贅沢品でしたが、これらの商法を打ち出すことによって、富裕層だけでなく、庶民も安心して反物を買えるようになったのです。また、呉服だけでなく紅や白粉も販売し、女性客のニーズに応えました。

さらには主人だけでなく、お供の者にも待合部屋があって、越後屋に行くと主人を待っている間、お茶が出てタバコも頂けました。お客様以外の働く人に対するねぎらいを欠かさなかったのです。

お客様も自分の家族同様という考えから、時代が下ってもその意思は受け継がれ、明治に入ると俥引き（運転手）にもお手拭きを出すなどのサービスがなされました。三井越後屋が三越百貨店に姿を変えても、タクシー乗り場ではお客様をお待たせすることなく、いつもタクシーが待っている状態が保たれました。そこにはある仕掛けがあって、三越の乗り場に並ぶと、タクシー運転手はタバコがもらえたので、積極的に並んだというわけです。

更にその意思は、日本航空が設立された時の手本にもなりました。最高のサービスをという目的で、三越の教育係が送り込まれ、現在のＪＡＬのサービスに至っているそうです。

「サービスに限界はない。お客様は自分の家族と思い、心を寄せよ」と。

株式会社 三井コスメティックス
東京都新宿区四谷坂町12-12
ＵＲＬ：https://mitsui-cosmetics.jp/
ＴＥＬ：０１２０-１４-４３４８（９：30-18：00 土・日・祝日除く）
※特典：本書をご購入いただいた方先着3名様に、「シミコンク」「シワコンク」、角質取りの「ゴマージュ」の3点セットをプレゼント。外れた方10名様にもプチサンプルをお送りいたします。お申し込みはwebmaster@itsuka-k.comまで。件名に『三井コスメティックスプレゼント係』とお書きください。

笑いの殿堂ゲイバーのおもてなしとは？

『マリヤ』オーナーママ　池　マリヤさん

笑いの殿堂ゲイバーは、学校では教わらない、ユーモアを学ぶにはいいところです。新宿二丁目のゲイバー『マリヤ』の池マリヤママ。人生相談や彼氏彼女のことなど、お悩みを相談すると、ズバッと小気味良い回答が得られます。

私がマリヤママに初めてお会いしたのは、23歳ぐらいの時。1軒目のお店の時からのお客なので、マリヤママとは、かれこれもう30年以上のお付き合いで、みるみる女性に変貌してゆくのを見届けてもいます。

いつも笑顔を絶やさずポジティブで、見かけは美しく、性格は可愛らしく、TVを始め各メディアに度々登場して、芸能人や文化人、スポーツ選手も通うメジャーなお店です。

例えば会食が終わって、「今から行っていいですか?」と電話を入れて、5~10分後にお店に着くと、すでにカウンターに名前入りのミニブーケが置いてある……そんな嬉しい心遣いがさらりとできるママです。

中華料理店で学んだ接客業

ホテルのシェフに憧れてね。高校を卒業して、フランス料理のシェフになりたかったんだけど、当時は博多のホテルニューオータニは満員で入れなくて、『大観苑』という中華料理店に入ったの。だから今も、お店のお通しは全て手作り。

そこで厳しいマナーと接客を教わって、今、とても役に立っているわ。営業中は、姿勢良く! テーブルに肘をつけない、髪は触らない。丁寧な会話や、清潔感のある身のこなしなど、たくさん良い教えや技術を学んだの。

感性を磨くために、休日は洋画をたくさん観て、女優の仕草や洒落た会話術を修得しました。ショータイムに使えそうな曲をいつも考えたり、遊び心やユーモアが大切だと、常に思っています。

綺麗よりコミカルに

東京で働き始めた時に、新宿二丁目でお店を始めるお話をいただいて、本当は小料理屋をやりたかったのだけど、思い切ってゲイバーをやるのもチャンスだと思い、その時は勢いで「行くわよっ！」と思いきって踏み切ったの。未来、今のこと、先のこと、あれこれ考えるより、とりあえず行動して、やってみるの！

綺麗より、コミカルにするにはどうしたらいいか。半分男なわけですから（笑）。ただ、女っぽくしてもダメなんです。皆さ～ん！　ざっくばらんで、気兼ねしないでお話しして。悩みがあれば、人生相談もしますから。楽しいサービス、態度と接客を心がけています。ぜひ一度、マリヤにいらしてねっ！　**ここでは、偉い人もそうでない人も皆平等。ざっくばらんに気兼ねしないで、お話ししましょう！**

実際、私は何度か人生で大変な時、彼女（カレジョ）達の明るさと義理堅さに、何度か救われた経験があります。男女関係なく、人間の幅があるサービスを受けられる素敵なおもてなしの空間です。

マリヤ

東京都新宿区新宿2-14-10 第二篠原ビル2F

TEL：03-3226-6613

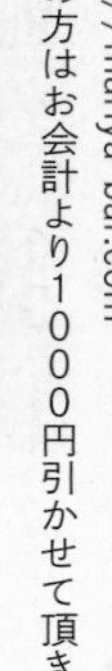

URL：https://mariya-bar.com

※本書ご持参の方はお会計より1000円引かせて頂きます。

写真集も出しているマリヤ・ママ

「残念なホスピタリティ」に陥らないために

まずはファーストクラス、ビジネスクラスをあえて「卒業」した方をご紹介します。

その方は、世界中を飛び回る宝石商で、かつてはビジネスクラスを愛用されていましたが、ビジネスクラスに何度となく乗っているうち、その行き届いたサービスに疲れてしまったのです。例えば、ビジネスクラスならCAとの挨拶や名刺交換をすることもあります。また、食事の際は必ず「食事をお持ちしましょうか？」と声をかけられます。旅慣れた彼にとって、こういったやり取りはいささか面倒なものになっていたのです。

加えて、お酒が好きな彼は、ビジネスクラスに乗るとお代わりをして飲みすぎてしまうという悩みも抱えていました。このままではメタボになる、と彼はビジネスクラスをやめて、エコノミークラスに乗るようになりました。エコノミーなら、何も言わなくても、乗務員が定めた時間に機内食が提供されます。お酒を飲みすぎることもありません。時差ボケも防げるし、他の乗客との距離も近いため、若い旅人などと会話する楽しみも増えたそうです。

彼はエコノミーを選ぶという手段で、残念なホスピタリティとの距離を置けたというわけです。

日本語では「思いやり」「おもてなし」と解釈されるホスピタリティですが、私は以前、ある高名なシェフから「残念なホスピタリティ」というケースもある、とお伺いしました。

そのシェフは出張のためファーストクラスに搭乗した際、CAから「お勧めのレストランはありますか?」などと頻繁に話しかけられたそうです。

彼は多くのメディアに登場する有名人ですが、もちろん自分からCAに名乗ってはいません。「CAにしてみれば『有名なあなたをちゃんと知っていますよ』というリップサービスのつもりだったのでしょう」と話していました。または単純に「有名人に会えた」という喜びから話しかけてしまったのかもしれません。どちらにしても、ファーストクラスのCAとしてはNGな行為でしょう。少なくともシェフに対しては「気味が悪い、面倒」というマイナスの印象を与えてしまっています。

シェフはのんびりとくつろぎたいからこそファーストクラスに乗ったのです。「たとえリップサービスのつもりであっても、特別な用事もなく話しかけられるのは苦痛でした」と話していました。

これが「残念なホスピタリティ」と言うべきもので、一方的にサービスを「盛る」のが正解だとは限りません。

ベテランのCAほど、自分の仕事を優先させるために機内でまっすぐ前を見て、なるべく乗客と顔を合わせないようします。そのような時でも、往路で何かをオーダーしたら、復路で必ず持って来てくれるので安心です。

Column

買い物の喜び

買い物の欲求は、

・人（サービスがいい、この人から買いたい）

・物（確かな物を買いたい）

・場所（リラックスできる空間で買いたい）

から生まれると言われています。

さらに買い物にも段階があって、注目し、興味を惹き、欲求が起き、買うように決断する……ということになります。

「物が呼ぶ」という言葉がありますが、世界中を旅していて、欲しい物と巡り合うと「私を日本に、連れて行って！」と、向こうから話しかけてくることが

Column

あります。出会った時に買わなければもう二度とお目にかかれないので、一期一会でそこで買うか、一晩寝て、夢に出てくるようなら翌日購入します。

ニューヨークのバーニーズやシアトルのノードストロームは、接客力の高さで有名なデパートです。店に入った時のムードや接客態度がウエルカムかどうか、瞬時に感じることでしょう。専門用語や難しい言葉を使わず、商品を説明してくれる店員は、あなたを快く迎えています。「どっちがいいかしら?」と迷ったとき、こちらが相談したくなるような販売員はビンゴです! 声のリズムとトーンがよく、落ち着きがあれば知識のある人です。化粧品でも時計でも、頼りになり、自分が憧れを持てるような人から、買いたいものです。

ウインドーショッピングをして、健康のために歩くだけでも感性が磨かれ、トレンドがわかるので、流行りの色や素材、ディスプレイの仕方なども学びになります。

ウインドーショッピングが苦手という方もいますが、海外なら「Just looking」、日本でも「見てるだけです」と答えればいいのです。お店を出る時一言「ありがとう」と付け加えれば問題ありません。日本人はついつい相手に合わせていい顔をしてしまいがちですが、そこに「買わない」という選択肢もあるのですから無理をしないことです。フランス人などは、セーターでも鴨肉でも、自分が納得して、一番安い店を探し当てるまで頑張ります。

コンファタブル（快適）で、ついつい長居をしてしまいたくなる店、というのがあります。五感が目覚める感覚。柔らかい照明にカツカツと靴音が鳴り響く大理石の床に、チーク材の家具に、伽羅（きゃら）や、サンダルウッドの香り。第六感を呼び起こされ、創作意欲が湧いてくる。そんな店なら虜（とりこ）になり、何度でも通いたくなるものです。

ホテルのショップには、画廊や理容室や写真館を備えているところもあり、伝統と歴史を感じます。画廊にふらりと入って黙って絵を眺め、店主と語らう。無理に購入しなくてもいいのです。相手は、絵に好感を持っているお客様を歓

Column

迎しているわけですから、感じていることをそのまま自然に話せばいいのです。それだけでも時を忘れる贅沢な時間です。

大切な方への贈り物を考えていた際、ホテルアーケードでたまたま訪れた店で「数あるブランドの中から当店をお選びいただき、ありがとうございます」と、まずはお礼を言われて感動しました。同じ品質なら、感じのよい方を選ぶでしょう。私は迷わずその店で買うことに決めました。

それ以来、私自身も作家として問い合わせがあったなら、「たくさんの作品の中から、私の本に興味を持っていただいて、ありがとうございます」と、記者やインタビュアーに、口にするようになりました。感謝の気持ちを表したくて。

元ホテルの写真館で働いている友人がいますが、今まで撮ったことのない家族写真を撮りに来られたり、毎年同じ時期に一家で来られる方がいらっしゃるそうです。

ホテルの理容室では身だしなみを整えるチャンスです。女性でもシェービングをするだけで、断然化粧のノリが違います。思う存分一流ホテルならではの、贅沢な非日常を味わってください。

ただし、買い物にはその逆もあります。

洋服を見ていると、「この服の生地は、イタリアのプラダと同じ工場のものです」と言われることがあります。デザインは違うので、決してなんちゃってではないと。

一瞬、ん？　と意表を突かれますが、ここで「それなら安心」と興味を持って聞く人と、私のように一気に熱が醒める客もいます。

そのようなマニュアルなのでしょうが、私にとっては「So what?（だから何？）」と疑問に思ってしまいます。

ブランドは、やはりその店で買い求めたいと思っているからでしょう。類似品は、安かろうが、あえて購入しようとは思いません。

Column

最後に、高級な美術品や服やアクセサリーなどを、どうしても欲しい場合は、「これ、全部買ったら」「両方買ったら」などとまとめて買うか、現金で買うか、端数を切るか、消費税を切るかなど、交渉してみるのもいい勉強になります。高級品ほど利益も大きいので、応じてくれる確率が高いです。

第四章

一流の人は自分を磨く

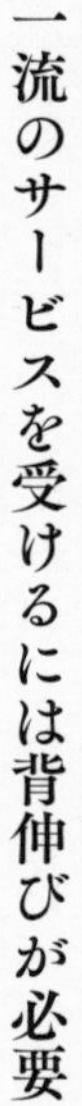

一流のサービスを受けるには背伸びが必要

一流のサービスを受けたければ、見かけはもちろん、立ち居振る舞いを美しく、礼儀やマナーを身につけ、会話上手で一般常識以上の知識があることも必要です。

努力の積み重ねでそれが自分のスタンダードになったなら、そのときこそ一流のサービスを受けるに値する人になれるのです。

また、同じサービスを、うまく受ける人と受けられない人がいるのはなぜでしょう?

これはもう、場数と経験を増やし、コンディションを良好に保つことです。人間は気分の生き物なので、それには自分自身が健康で、リラックスして、いつも上機嫌でいることが大切です。それにはまずはオープンハートで、相手に好意を見せる。実際に目の前の人に好感を持たれると、ラッキーなことが多いです。その際、決して媚びる必要はありません。もし相手が失礼だった場合、〝シャッター〟を閉じて結構です。無理をするとなめられて、ぞんざいな扱いを受けることもある上、どんどん自分の機嫌が悪くなりますから。私自身も最近わかったことなのですが、自分の機嫌は、自分でしか直せないものなのです。

いつも楽しいことを考えて計画して、実行すること！　これを心がけています。

NHKの大河ドラマ『龍馬伝』やEテレ『美の壺』の題字を手がけ、ルーブル美術館のW金賞受賞を果たした、世界的書家で芸術家の紫舟さんは、いつも私に、新しいものの見方を教えてくださいます。

「プロからのサービスで何かをご提案いただいたときには、『はい、お願いします』とYESで答えるよう心がけております。普段は自身で『判断する』ことが多く、それは深く掘り下げられる一方で、偏った狭い世界観になりがちとも言えます。プロからのお申し出には、私自身が納得したから『YES』ではなく（納得しなくても相手の世界観のほうが広いと考え）、相手に委ねることで、新しい価値観、広い視野、まだ知らない世界観に誘っていただけると感じております」（紫舟さん）

女性経営者の心強い味方！

一般社団法人 エメラルド倶楽部　代表理事　菅原智美さん

韓国商品の輸入卸しなど貿易会社を経営する株式会社NATULUCKのCEOで、志の高い女性経営者を集めた日本最大級の女性経営者の会『エメラルド倶楽部』の代表理事である菅原智美さんとは、7年くらい前に、ビジネス系の異業種交流会でお会いしました。いつもエレガントで優しく、当時から経営者の風格を持っておられた方でした。

まだ日本で活躍する女性経営者が少ない2010年10月、「女性経営者が活躍する社会を作りたい！」という想いで立ち上げられたエメラルド倶楽部の会員数は、今や全国に1700人。16歳から80歳代までの、意欲的で個性的な成功者が集まり、パーティーやセミナー、月に一度のランチ会などを開催。各種メディアやSNSを使っての情報発信も、積極的に行われています。国内に7支部拠点があり、韓国、ベトナム、台湾、モンゴル、台湾など14の国と地域の女性経営者の会と提携しており、さらなるグローバル化を推進していらっしゃいます。

エコホテルからエアポートラウンジまで

公私にわたり、世界中を旅して来た私のお気に入りのホテルは、宮古島の白いビーチにコテージが立ち並ぶ『ザ・リスケープ』です。プライベート感を重視した作りで、時間がゆっくりと流れ、全てが自由で、開放感に溢れているのがその理由です。

エコ重視で環境問題にも取り組んでおり、2泊以上滞在の場合は、リネンの交換を不要だと伝えると、1000円分のチケットをくれて、食事や売店で使えます。

バスはもちろん、プライベートプールも部屋の外にあり、チェックアウトまで誰とも顔を合わせることなく過ごせる、隠れ家的「お籠りの宿」です。掃除も、特に時間が決められているわけではないので、気にすることなくリラックスできます。

アメニティやハーブティーなども自由に補充でき、バスソルトも、岩塩、ハーブ、

エメラルド倶楽部のメンバー

アロマオイルを自分好みにブレンドできるのが楽しかったです。

南国なので虫が多いのですが、素晴らしいのは、ドアの前はいつも虫がいないように清掃されていること！　虫が怖い人も、ここなら大丈夫。

もう1カ所はJALの世界1周チケットで出張をした際に立ち寄った、カタール航空のドーハのビジネスクラス搭乗者向け『アル・ムルジャン ビジネスラウンジ』が、この世のものとは思えないほど豪華で素晴らしかったです。

温かいミールや、フカフカのソファーに、熱いシャワーや仮眠室まで揃っており、リッチでリラックスしたトランジットを体験できました。

写真が綺麗でも、口コミが悪ければ外れることが多いです。要するに、新設されたばかりの綺麗な時の写真を、うまく撮って載せているだけなのです。スマホで様々な人の評価をチェックして、判断することが大切です。日本人が悪い評価をつけている場所は、やはりお勧めできません。

あと、男性経営者を接待する際、店側が心得ていて、トイレに立つ間などに、さりげなく支払いをさせてくれるお店はいいですね。間違って支払おうとする男性もいらっしゃるので、スムーズに済ませたいものです。

なるほど！　これからは、女性経営者が接待をする、ビジネスシーンも増えてくるということですね。

日本では、経営者の中の女性の割合は、わずか7％だそう。「消費を握る女性が経営者となり、活躍すれば、日本経済はもっと活性化するはずと信じて、エメラルド倶楽部を運営しています」

会員になる条件は、成長意欲のある女性経営者で、会社が法人に登記している方は、入会金10万円、年会費3万円で。個人事業主の方は入会金2万円、年会費3万円で入会できます。お申し込みはHPから。
これを機に、あなたも人脈を広げてみてはいかがでしょう？
VIVA！　エメラルド倶楽部!!

エメラルド倶楽部
URL：https://www.ej-club.jp/

新しいアウトドアの形

札幌トヨタ自動車株式会社　代表取締役社長　中島好美さん

私の札幌でのトークショーの時に、来賓で隣の席に座られた中島社長は、2021年創立75周年を迎える札幌トヨタ自動車株式会社の代表取締役で、お客様に選ばれ続けることをテーマに掲げ、会社一体となってお客様のケアやコミュニケーションの継続に取り組まれています。また、2020年創設20年を迎えたNPO法人HACC（北海道オートキャンプ協会）の会長でもあります。

コロナ禍が起きる前までは、家族や仲間で行くキャンプから、『グランピング』と呼ばれる、ラグジュアリーで贅沢なキャンプがはやりつつありました。テントの中はまるでホテルのような設（しつら）えで、おしゃれでリッチな料理をアウトドアで楽しむ……というように。私も日本上陸前、アフリカのサファリで体験したことがあります。

流行のサイクルとスピードというのは、このような感じなのかと思いましたが、それがコロナ禍で一変しました。ソーシャルディスタンスの掛け声の下(もと)、街中に出られない人々は、プライベートな移動空間である安全なマイカーで、ひっそりと核家族で、あるいはソロで、なるべく人のいない隠れ家的なキャンプ場を目指し始めたのです。ついには山を購入してキャンプをする人たちが続出し、広大なプライベート空間で、大音量で音楽や映画を楽しむ人たちも出始めました。また、これまでアウトドアに興味を示さなかったキャンプ初心者や、小さな子供を連れた家族には、ある程度設備が整ったオートキャンプが最適でしょう。このようなキャンプブームの未来について、日刊自動車新聞(2020/7/30号)の中島社長インタビューをご紹介致します。

《コロナの影響で、かつて経験した事のない夏になりました。世の中ニューノーマル(新しい生活様式)の叫ばれる時代、車の役割を再認識される時代を迎えています。

団塊ジュニア層が、自分の子供たちを連れてキャンプを楽しむ〝適齢期〟になったことから起きた現象と

も言えます。今後、子供たちが大きくなるにつれ、キャンプから離れる時がやってきます。その時に穴を埋めるのは、インバウンド需要になってくるのかもしれません。また『友人同士』や『ママ友』、あるいは『ソロ』などキャンプの多様化も予想されます。近年新設のキャンプ場は大半が民間会社。グランピングなど、手ぶらでできる層をターゲットにしたところが多く、焚き火体験を始め、アウトドア体験という分野を切り開いています。

またコロナ禍で、消費者の車への見方も変化しています。車が全天候下において「快適・安全にプライベートで移動可能な居住空間である」という機能価値が再認識されたことでしょう。公共交通機関の利用が減少する一方で、車を利用して〝3密〟を回避する動きが増えました。それにオープンエア（開放感）を求める意識が組み合わされたことが、キャンプやグランピング人口の伸びに繋がっています。

現在、キャンプ場の予約は満杯です。ステイホーム疲れを払拭し、密を避けたい人の心理を反映したものと理解しています。加えて、昨今の消費動向に大きな影響を与えているのがＳＮＳです。写真映えするグッズ、キャンプシーンという意味で、オートキャンプは今後数年間、多様化しながら拡大して行くことでしょう。》

ロマンスグレーの中島社長は、私の話に、いつも興味深く耳を傾けてくださり、おおらかで温かいお人柄に惹かれ、この会社で働ける人は、きっと幸せだろうな、とも感じました。

最後に、中島社長の心に残ったおもてなし体験と、お客である時の心得についてお伺いしました。

「自身がお客になった時は、何にでも好奇心を持って尋ねることにしています。そうすれば、相手も応えてくれて素敵な出来事が起こり、その連鎖が感動につながります。車もサービスも、ステイタスやブランドパワーというものは、そこにあるだけで伝わるもの。こだわりの車をお買い上げいただく瞬間は、気分はもちろん高揚しますが、いつでもお客様に安心感と満足感をお届けしたいと心がけています」

札幌トヨタ自動車株式会社
URL：https://sapporotoyota.co.jp

私が私を喜ばせるものを選ぶ

ソル・エ・テラ　オーナー　武藤真紗世さん

20代前半、ロサンゼルスの友人が住むコンドミニアムに遊びに行った仲間の一人で、アメリカの独立記念の花火を見て国境を超え、メキシコのティファナまで一緒にドライブした仲間です。

その後、お互いに多忙でなかなか会えなかったのですが、青山で自分のサロンを開業。髪をいたわるナチュラルなヘアカラーリング「ヘナカラー&ハーブカラー」を提供していると伺い、懐かしさもあり、体験取材に伺いました。

髪質改善ヘアカラー

白髪染め、またはお洒落染めとしてヘアカラーを使用している人は多いと思います。特に女性は、黒髪のままだと「重い」印象を受けると考えて、ヘアカラーを愛用する人も多いようです。

好きな色で自分を演出できるヘアカラーですが、ひとつ心配なのは毛髪や頭皮へのダメージ。みなさん、ダメージを軽減するためにシャンプーやリンス、トリートメントなどに気を使っているのではないでしょうか。

「ヘナ」とは、インドや中近東などの熱帯地方に多く自生する、ミソハギ科シコウカ（指甲花）という植物を粉末にしたものです。インドでは、結婚式の花嫁を美しく飾る「ヘナタトゥー」にも利用されることで知られています。

タトゥーといっても体を傷つけるのではなく、肌に描くボディペイントのような

もの。花嫁の手足に描いたヘナタトゥーが長持ちするほど幸せが長く続くと言われている縁起のいい染料で、あのマドンナも「ヘナタトゥー」をファッションにしていました。

そんな自然由来のヘナを、髪染めに応用したのがヘナカラーです。ヘナカラーの利点は、髪にダメージがないこと。

一般的なヘアカラーは全て石油合成の化学物質を用います。これらの薬品は人体のたんぱく質を壊すことで色を変える効果を発揮しますから、毛髪へのダメージは避けられませんが、ヘナ＆ハーブカラーでのヘアカラーは髪を壊さないどころか、むしろ髪質改善につながることで知られています。その理由は、

①自然由来の成分だから、たんぱく質を壊さない
②頭皮をトリートメントしてくれる
③髪をコーティングする

という利点があるためです。

髪だけではなく頭皮環境も改善しますから、これから生えてくる髪の毛も美しく、健康に保つという利点もあります。

表参道駅から徒歩６分。閑静な裏通りにある癒しの空間

店で使用しているヘナはインドの契約農家による最高品質「キングオブヘナ」

アルカリカラーで髪をいじめることをやめ、自然派のヘナで髪を染めることで、髪質はどんどん回復します。これはどんなケミカルなトリートメントをするより効果的です。そして今の自分の状態をきちんと見極めて、それに合ったお手入れをする。すると髪は、どんどん内側から輝き始めますよ。

実際、施術後の私の髪は見違えるようにツヤが出て、皆に驚かれました！　たった1回の施術でこの違い！　2週間おきに3回受ければ、ダメージを受ける前の髪に戻るそうです。

また武藤さんは、パリでカットを学んだ美容師でもあります。彼女によると、パリではカットのテクニックよりも「造形美」をしっかりと教え込まれるとのこと。お客さんのオーダーを受けるだけではなく、その方に似合うヘアスタイルを見つけるのがパリのスタイルなのです。

カットのみでの相談も受け付けているそうなので、カラーでもヘアスタイルでも、髪のことでお悩みなら、まずはソル・エ・テラでカウンセリングを受けてみてはいかがでしょうか。きっとあなたの髪について、素敵な解決策を提案してもらえるはずですよ。

ソル・エ・テラ
東京都港区南青山3-14-7　クレール南青山1階
TEL：03-6447-5040
URL：https://sol-ea-terra.com/
※本書をご持参の先着30名様に、ヘッドスパ〔通常4500円〔税別〕、ヘナと同時だと3000円〔同〕〕を1000円〔同〕にてご提供させていただきます。

「禊（みそぎ）」で心身をリセットする日本の温浴文化

株式会社東新アクア『両国湯屋江戸遊』代表取締役　平井要子さん

『両国湯屋江戸遊』を運営する株式会社東新アクアの代表取締役である平井要子さんとは、両国駅の西山駅長からのご紹介でお知り合いになりました。そのご縁で江戸遊を訪れてみると、都会の喧騒を忘れさせてくれるようなくつろぎの空間が広がっていました。

葛飾北斎の生誕地であることから名づけられた両国の北斎通り。そこかしこの街路灯に北斎の作品が掲示される通りの一角に、女性にも人気の総合温浴施設『両国湯屋江戸遊』があります。

外観を覆う白銀の暖簾は通りの名前と同じく北斎をモチーフにしており、中に入れば、紅色の江戸切子をあしらったカウンターが。

気になるお風呂は高圧水流で立ったまま全身をほぐす「スーパージェット湯」、自然由来の健康成分を肌から吸収できる「漢方薬湯」、寝転がりながら芯まで体を温める「寝湯」、炭酸ガスが血流を促進してくれる「高濃度炭酸湯」、お顔には泥パックをしながら楽しめる「足湯（女性のみ）」など、ゲストの健康効果を高める多様な設備が用意されています。

また、プラスアルファを求める方のためにエステサロン、東洋整体、タイ古式マッサージ、足もみ、韓国式アカスリ、針治療（美容針）の5種類の施術で健康と美容をサポートしています。

日本人にとっての温浴文化とマナー

日本人は世界でも有数のお風呂好きで知られているんです。古代中国の歴史書にも、日本人のお風呂への強いこだわりが驚きをもって記されているのだとか。長い歴史の中で受け継がれてきた私たちの入浴文化は、もはやＤＮＡに刻まれていると言っても過言ではありません。

その入浴への強いこだわりは、浴場の扱い方にも表れています。海外の人にとって浴場は「体を綺麗にする」と言う目的を果たすための場所ですが、日本人は「風呂に入る前に体を綺麗にする」といわれるほど浴場自体をも大切にし、清潔に保ちます。ドラマにもなった漫画『サ道』もあるように、凝り性の日本人は、入浴という毎日の習慣にも「道」を見出してきたのかもしれません。

サウナ愛好者は「サウナー」とも呼ばれ「整う」という表現を用います。熱いサウナや冷たい水風呂で「交感神経」が優位になると神経は緊張状態となり、その後、外気で休憩を取ると今度は神経をリラックス状態に導く「副交感神経」が優位になります。これにより脳内の快楽物質であるβエンドルフィンなどが分泌され、サウナーの言う「整う」という状態に至り恍惚（こうこつ）体験が得られます。さらに、高温のサウナと水風呂の繰り返しは血管の伸縮を促進し、マッサージ効果とデトックス作用も期待できます。サ道とは、日々の疲れを癒し、快楽と健康を同時にもたらしてくれる素晴らしいレジャーです。「サウナなんて、熱くて辛いだけじゃない？」と思っている方は、ぜひ一度、サ道の「整う」状態を体感してみてほしいですね。

浴場は心身を清浄にする「禊」の場

先に日本人のお風呂文化についてお話ししましたが、ここで入浴の具体的な効果についても説明させていただきます。

体を清潔に保つ、体を温める以外で私たちが注目しているのは、「お風呂で目いっぱい手足を伸ばす」ことによる心身への効果です。思い起こしてみてください。みなさんは日々の生活で、思いっきり全身を伸ばす機会がどれだけあるでしょうか？　単純なことですが、これにはいくつもの効能があるんです。リラックスした状態で四肢を伸ばすことで血流の促進効果が得られますし、適度な水圧によってリンパの流れも活性化します。足のむくみが気になる方にもお勧めです。

何より、お風呂の中で思い切り手足を伸ばす解放感によりストレスを解消することができます。日々、肉体的にも精神的にもしがらみに縛られがちな現代人にとって、手足を伸ばすというシンプルな行為は意外に効果大なのです。

また、入浴しリラックスすることで「幸せホルモン」と呼ばれるセロトニンの分泌が活発になるという研究報告も上がっています。この幸せホルモンは、ストレスを感じると分泌される恐怖や興奮を司るノルアドレナリンの働きを抑制する作用もあります。短時間でサッとシャワーを浴びるだけでは、これらの効果を引き出すことはできません。

毎日は無理でも、週末とか、または週の中日とか、疲労回復とエネルギー補充のために大きなお風呂に入ることをお勧めします。

そして、お風呂が及ぼす精神的な効果もまた、日本人の伝統とも強く結びついています。不浄を取り除く行為として「禊」という言葉がある通り、日本人にとって、入浴や沐浴は体のみならず、心の中までも含めた「穢れ（けが）」を取り除く行為でした。よく、入浴後の清々（すがすが）しい気分を「さっぱりした」と表現しますが、辞書によれば、「さっぱり」という言葉は「不快感やわだかまりなどが消えて気持ちのよいさま」を意味します。一日の最後にお風呂で禊を済ませ「心も体もさっぱりと綺麗になった」と思えることは、心身の疲れをリセットする意味でも、明日への自信をつける意味でもとても大切なことだと思います。

仕事をはかどらせる「転地効果」とは

みなさんは「転地効果」という言葉をご存知でしょうか？　転地効果の代表的な

北斎の浮世絵が壁一面を彩る大浴場では６つのお風呂が楽しめます

旧・大浴場の形状を活かしたワーキングスペース「湯Work」

例として、文豪が執筆をはかどらせるため温泉旅館を訪れたことが挙げられます。この温泉滞在は、ただの気分転換ではありません。**人間は、普段とは違う環境に自分を置くことで自律神経や五感が刺激され、ストレスや疲労の解消につながるのだとか。**文豪たちは、この転地効果によって筆が進むことを経験から知っていたのでしょう。

そして当館のお客様からは、江戸遊でもこの転地効果を得られるという嬉しいお声をいただいております。「お風呂でリフレッシュしつつも、働きたい方を応援したい」そんな思いを実現したのが「湯Ｗｏｒｋ」です。近年では、ノートパソコンを手にカフェなどで仕事をするノマドスタイルが根付いてきましたが、江戸遊ではそのスタイルをカフェではなくお風呂場に導入してみました。

我々がご用意したワークスペースは、元は浴場だったお部屋です。湯船の形や浴場の広さ、タイル画などはそのままに、パソコンに向かいながらも、どこかリラックスできる空間をご用意しました。もちろん作業に欠かせないコンセントやＷｉ－Ｆｉも完備しています。

実は、私も今、この原稿を「湯Ｗｏｒｋ」で書いています。お風呂と仕事がセットなので、とてもはかどります。

両国湯屋江戸遊
東京都墨田区亀沢1－5－8
TEL：03－3621－2611
URL：https://www.edoyu.com/ryougoku/

風になびく暖簾をイメージしたエントランス。
日本空間デザイン賞2020銅賞受賞

伝統工芸の匠の技が光るフロント

「誰にでもできること」の習慣化が夢を叶える

株式会社トーイズ代表取締役／北原照久のおもちゃ博物館　館長　北原照久さん

テレビ東京の『開運！なんでも鑑定団』でお馴染み、おもちゃ博物館館長の北原照久さんに初めてお会いしたのは、経済界クラブのパーティーでした。その後、ハリウッド女優のホキ徳田さんが、亡き夫のヘンリー・ミラーの絵画を『鑑定団』に出品した際に、一緒に来てと頼まれて同行し、突然楽屋を訪ねたにもかかわらず、爽やかで清々しくとても親切に対応してくださったのを覚えています。その後も何度もパーティーで顔を合わせていますが、お会いするたびに次々と新しい夢を叶え続けているととても精力的な方です。

老舗靴店のサービス

思い出に残るおもてなしで記憶に残っているのは、ロンドン発祥の老舗靴ブランド、ジョンロブです。

以前からジョンロブの靴が好きで何足か持っているのですが、丸の内の日本本店のスタッフは、私が二度目に訪れた時に「またいらしてくださったのですね、北原様」と、名前も靴のサイズも全て把握してくれていました。その後も何度となくこちらを訪れていますが、たとえ店長が不在な時でも同様の対応をしてくれます。これは、私がテレビに出ているからということは関係なく、どなたに対しても同様の対応だと思います。

また、ジョンロブには無料の靴磨きサービスがあるのも嬉しいところです。ジョンロブの靴なら、ほかの店で買ったものも含め、何足でもお願いできます。

私も靴磨きが好きなのでわかるのですが、ジョンロブは磨き方がとても丁寧なんです。見えていないところで一生懸命やってくださっているのがわかるから、ますますファンになってしまいます。

私はいつも三足ぐらい持っていって、取りに行った際に履いて行った靴を預けてくるんです。だからいつも、本店には僕の靴が置いてあるんですよ。こうなると、もう離れられませんね。

おもてなしと言えば、ディズニーランドも素晴らしいですね。

私はおもちゃ関係の仕事で全世界のディズニーランドを訪れますが、ディズニーで嫌な思いをしたことは一度もありません。このおもてなしの精神があってこそ、ウォルト・ディズニーが作り上げた夢の世界が守られているのだといつも感心しています。

私もフロリダのウォルト・ディズニー・ワールド・リゾートで「TOY　STORY　made　in　Japan　Kitahara　collection」と題して日本製のおもちゃの展示をさせていただいているのですが、ディズニーランドという舞台を演出する一人と自認し、お客様に喜んでいただくことを自分の喜びとして己の役割を演じています。

ちなみにタイトルをつけてくれたのは、映画『トイ・ストーリー』を作ったジョン・ラセター監督です。彼は、私のブリキのおもちゃを見てトイストーリーを思いついたとのことで、快くタイトルを考案してくれました。

北原流「成功のための三つの秘訣」

様々な方の助力で夢や楽しいことを叶えてきた私ですが、それらを実現してくれたのは下記の三つの心構えでした。

1. 夢を熱く、情熱的に、楽しそうに語る

夢を叶えるには、誰かの力を借りる必要がある。だから、口に出して夢を語りましょう。

100人に自分の夢を語り、99人から「誇大妄想だ」と相手にされなくても、1人は協力者が見つかる。1000人に語れば10人、10000人に語れば100人の協力者が出ることになり、時間はかかっても、いつかは叶います。

2. 実現した後のことを、具体的にイメージする

例えば、欲しい車を手に入れた後、ドライブしている自分を想像する。欲しい家に住んでいる自分を想像する、など。

手に入れるまでで夢を止めない。その後の自分やライフスタイルまで想像することで、夢はより現実性を増し、決意も固くなります。

3. できるまでやり続ける

私が海岸沿いの、海の上に建つ自宅（昭和初期に建てられた宮家の別荘）が欲しいと思ったのは32歳の時でした。諦めずに欲しいと言い続け、とうとう49歳の時に憧れの家を入手しました。

とにかく、夢を諦めずに口にすること。「叶う」という字は口偏に十と書きます。言い続け、やり続ければ、いつかは叶うものです。

特に3つ目に挙げた「続ける」というのは、全てにおいてとても大事なことです。

私は70を過ぎていますが、自宅に遊びにきた友人たちに水着姿を見せると、「いい体してますね」とみんな驚きます。ですが私はジムなどに通っているわけではなく、もう20年以上、毎日5分間、欠かさずトレーニングを続けているだけ。大変な運動はしていません。無理なことを短期間で終えるより、簡単でもいいから長く続ける。これが大切なんだと70代になって再確認しました。

17年かかって手に入れた憧れの邸宅

ミュージシャンのCharと自宅のスタジオでセッション

愛用しているジョンロブの靴のコレクション

おかげで今でも健康を保ち、『なんでも鑑定団』も初回放送から27年、一度も休んだことはありません。

ＳＮＳでの一言メッセージも２０１２年から毎日アップし続けていて、１日も休んだことがありません。その積み重ねで、気づけば私の著書は72冊にもなりました。私の行動のひとつひとつは難しいものではありません。ですが、それを続けることが大切です。

「誰にもできることを、誰にもできないくらいやれば一流になれる」。この言葉を皆さんにも贈りたいですね。

北原照久のおもちゃ博物館
ＵＲＬ：http://www.toysclub.co.jp/

自分が納得し、幸せになれる美しさを

理学療法士　名倉民子さん

彼女がいるだけで、場が知的に華やぐ――。

それが、着物美人にしてボディビル・チャンピオン、理学療法士の名倉民子さんです。２０１６年３月、紀伊國屋書店新宿本店で行ったトークイベントに来てくださった時からのおつきあいです。それから４年半が経ち、Ｆａｃｅｂｏｏｋのウォールで見かけた写真を見てビックリ！

「第11回北区オープンボディビル・フィットネス大会／ビキニフィットネス部門優勝」の新聞記事と共に、総スパンコールのハイレグビキニに、10センチ以上はあるピンヒールでポージングを決めている、褐色の肌の南国風ゴージャス美女に変身していたからです。

どういうことだろうと思って過去ログを辿ると、名倉さんが鉄アレイやフィットネスマシーンで体を鍛える日々が綴られていました。

知的で清楚な和風色白美人が、なぜここまで変わったのか。どちらも美しいには違いないのですが、静と動の両極端。そこにはどのような心の変化と、努力と意志力があったのか、さらにはチャンピオンを摑んだ達成感など思い巡らすに至って作家の好奇心が疼き、インタビューを試みることにしました。さらに、コロナ禍の自粛生活による運動不足で「コロナ太り」に悩む方々に向けて、トレーニングを長続きさせるコツについても伺いました。

美とは何かと考える日々

母が美意識の高い人で、私が小学校2年生の時にバレエ教室に通わせました。自分がやりたかったけどできなかったので、娘にはやらせたいと考えたようです。

クラシックバレエをやっていると、痩せていないといけないので、高校で辞めるまで、ずっと太らないよう気をつけていました。そうしているうちに、太る自分が許せない＝食べることが楽しいと思えなくなってしまってストレスがかかり、自分が追い求めてきた美とは何かを深く考えるようになりました。

そんな時に出会ったのが日本の伝統文化だったのです。自分は今まで、雑誌やテレビが表現する美に踊らされているだけだったのではなかったのか。それは本当の美しさだったのか。それよりも、昔から美しいとされているものが本当の美ではないのか、と。

そこで着物を着るようになり、歌舞伎などの伝統芸能を鑑賞したり、テーブル茶道を習ったりなど、身近なところから日本文化に触れ始め、見かけの美しさ以上に、立ち居振る舞いの美しさや、内側から滲み出る美しさ、相手を思いやる、もてなしの心の大切さに気づきました。

一方、35歳を過ぎると、女性はホルモンの関係で、それまで通りの生活をしていると太り始めます。だからといって食事制限だけだとみすぼらしい体にしかならないので、筋力をつけようとジムに通い始めました。続けていると体が変わってゆくのが楽しくなって、パーソナルトレーナーをつけて本格的に鍛え始めました。その時の私のトレーナーが、ボディビルダーだったのです。

究極の美の形

ボディビルは筋肉をデザインするもので、ストイックな精神力が必要であること。部門も多岐に分かれており、単にマッチョを競うだけではなく、筋肉を含めたトータル的なプロポーションと女性らしい美しさを追求した部門があることを知りました。それが、今回私がチャレンジした「ビキニ・フィットネス」部門です。「何か一つ、決めたことをやり切って結果を出す」ということを成し遂げたかった私は、大会出場を目標に、過酷なトレーニングに挑みました。美にこだわり続けた私がたどり着ける、これも一種の究極の

第11回北区オープンボディビル・フィットネス大会にて

休日には着物姿でお茶や歌舞伎鑑賞

美の形かもしれない、と思いながら。

最初は筋肉を作るためにたくさん食べて、体を大きくしました。次に大会の3カ月半前から減量期を迎え、脂質と糖質を省いて、鶏胸肉、馬肉、牛肉の赤身を食べて脂肪を落としてゆきつつ、ハードなトレーニングを重ねます。

大会では肌の質も審査対象で、褐色で健康的な肌を作るため、日焼けマシーンで肌を焼いて、タンニングローションを塗って挑むのですが、そのためのスキンケアも重要です。長年気に入って使っているのは、（株）皇漢薬品研究所のロングセラー商品「はとむぎ本舗 国産はとむぎ化粧水」です。刺激がなく、潤うけれどベタつかないのが気に入っていて、夏場はインナードライ（表面は潤っているけれど中が乾いている状態）になりがちなのと、お値段が手頃なので、全身に使っています。

大会で決勝に進めた時は嬉しくて泣き崩れました。大きな達成感と、努力が実ったという喜び、トレーナーや、応援してくれた家族や友人たちへの感謝……。決勝戦の舞台に立つ権利を得たことで、応援にも報いられてホッとしたという気の緩みもあったのでしょう。

だから決勝戦はむしろ、リラックスして舞台を楽しめたように思います。思いがけず1位をいただいて、もちろん嬉しかったですが、決勝戦以降はおまけのご褒美という感じで、何か夢の中にいるような感覚でした。

私が出場したのは初心者向けの大会なので、まだまだ上の大会があるのですが、一つ結果を出せたことで、ボディビルへのチャレンジはこれで終わりにすることにしました。燃え尽き感もあるのでしょうが、チャレンジしてみて、過酷な食事制限とトレーニングの上に成り立つ美は、私の理想とする美とは違うと感じました。それも結果を出してわかることなので、もちろん後悔はありませんが。

今後も、世間が決める美しさではなく、自分なりに美しいと思うものを取り入れて行こうと思います。流行に踊らされたり、人に評価されたりするのではなく、自分の感覚を大切にし、体現していく。自分が納得し、幸せになれる美しさです。

文化的な豊かさを身につけ、日常を楽しみつつ、無理なく続けられる筋トレで、美しく健康的な体を作っていきたいです。

トレーニングを続けるコツとは

トレーニングは、長くコツコツ続けることが肝要です。私がハードなトレーニングをなんとか続けてこられているのは、次のようなことを心掛けているからかもしれません。

① **同じ志を持つ仲間を作る。**

リモート飲み会があるように、気の置けない仲間と、リモートストレッチ会やリモートトレーニング会などを行う。

② **気分が乗らない時でも、とにかく続ける。**

最初からハードな目標を立てずに、負担なくできそうなことから始めて行って、できるようになれば増やして行けばいいし、やる気が出ない時でも、休むのではなく、少しだけでもやる。

③ **運動量と体の状態、食事のカロリーなどを記録する。**

体重だけで判断するのではなく、脂肪が減って筋肉が増えることもあるので、効果がないと諦めるのは早いです。最近はアプリで簡単にヘルス管理ができるので、例えば歩数だけでも、日々の変化をグラフで見るとモチベーションが上がります。全身を鏡でチェックするのもオススメ。

④ **ながら運動をする。**

料理の合間に爪先立ちやストレッチ、掃除をしながら腕を伸ばす、洗濯物を干しながら屈伸運動、ドライヤーをかけながら腰を回す、など。

⑤自分のレベルに合ったトレーナーを見つける。

ジムに通わなくてもＹｏｕＴｕｂｅやＤＶＤなどで、あまり無理のない、ご自身が楽しく続けられそうな動画をかけながら、一緒にトレーニングする。

⑥ウエアに凝ってみる。

こだわりのウエアやシューズを持つと、使いたくなり、人に見せたくなるのが道理。

コミュニケーションが劇的に変わった！

SNSコンシェルジュ　山田トモミさん

山田トモミさんは「SNSコンシェルジュ」というSNS（ソーシャルネットワークサービス）の専門家です。

彼女とは、私がとある企業のセミナーをプロデュースしていた時にお会いしました。

個人も企業も、ツイッターをはじめとしたSNSを運営する現在、インターネットやスマホを使いこなすことは武器にもなりますが、使い方を間違えれば足をすくわれる落とし穴にもなりかねません。そこで「一流の人間は電子機器を使いこなす」と語る山田さんから、スマホやネットの便利な活用法や注意点についてお話を伺いました。

スマホは基本機能から

私は得意分野であるｉＰｈｏｎｅ・アプリ・セキュリティを教える初心者向けＳＮＳセミナー「ともらぼ」を主宰しています。その経験から言うと、スマートフォン（以下スマホ）の基本機能を使いこなせていない人が多いように思います。

便利なアプリ、おすすめアプリは山ほどありますが、もともとスマホに付いている機能を知らずにわざわざ新しいアプリをダウンロードしている人も多いのです。

例えば、わざわざＵＲＬを手動入力しなくてもサイトなどを閲覧できる「ＱＲコード」。ｉＰｈｏｎｅならカメラの基本機能でＱＲコードを読み取れるようになっているのですが、その新機能を知らずにＱＲ読み取りアプリを別途ダウンロードしている方もいます。スマホの容量不足に悩んでいる方も多いと思いますので、こういった重複は避けて上手に使ってほしいですね。

他にもｉＰｈｏｎｅなら「設定」の中にある「アクセシビリティ」から細かくカスタマイズできます。アクセシビリティは元来、視覚障害者向けのサポートとして開発されましたが、誰にとっても便利に使える機能が備えられています。

「拡大鏡」という機能をONにすれば、3本指操作で画面サイズを大きくできます。し、文字を大きくも太くもできます。音声での文章読み上げも可能ですので、何か他の作業をしながらの文章確認にも便利ですね。

他には「AirDrop」機能を「コントロールセンター」でONにすると、Bluetooth通信でメールや写真や動画を送ることができます。AirDropなら相手の電話番号やメールアドレスを知らなくても画像や動画が送れますし、LINEやFacebookを通じた時とは違い、画質が劣化することもありません。知らない人にも簡単に画像が送れるため、女性などにいやらしい画像を送りつける「AirDrop痴漢」が一時期問題になりましたが、セキュリティ設定をしておけば大丈夫です。

知らない人からの画像を防ぐためには、iPhoneの「設定」から「一般」↓「AirDrop」とタップして「受信しない」あるいは「連絡先のみ」と選んでおきましょう。これでAirDropを全てブロックするか、または連絡先にある知人からの送信のみを受け付けられます。

音声メディア時代到来！

新型コロナウイルス感染症の蔓延以降、リモートワークの普及とともに「Google Meet」「Microsoft Teams」「Zoom」など、ビデオ会議（オンラインミーティング）が定着しました。最初は「わざわざ会社に行かなくて楽になった」「自粛期間が終わっても、会議はリモートで十分」などと歓迎ムードでしたが、今やこれさえもストレスになっているようです。

その理由というのが「外出もしないのに、このためだけに化粧をしなければならないのは面倒」「狭い部屋で生活感を出さない背景を選ぶのが大変」「子供やペットが入ってきてしまう」などと、画面に映るのもストレスなら、行儀よく画面を見続けていなければいけないのも辛いのだとか。職場によっては「両手が画面に映るように」などと指示し、見えないところでスマホをいじったりしないよう監視する場合も。さらにYouTubeの見過ぎで、動画離れを起こしている人も増えてきています。

そこで2021年春現在、脚光を浴びているのが音声メディアです。「stand.fm」や「Radiotalk」「Spoon」といったラジオアプリは、自由にライブやコンテンツを配信でき、「Ｖｏｉｃｙ」や「Ｈｉｍａｌａｙａ」といったパーソナリティがいるタイプや、参加者同士が自由に会話できるタイプもあり、有料配信や、課金できるタイプもあります。18禁＆招待制で＆録音禁止という限定感が受けて、音声ＳＮＳの「ｃｌｕｂｈｏｕｓｅ」が一気に盛り上がり、招待の権利がネットで売買されるまでになったこともありました。

現在、ビデオ会議サービスは主要なものだけで30種類ほどあります。例えば「Ｇｏｏｇｌｅ Ｍｅｅｔ」はｇｍａｉｌを持っていれば入れます。「Ｍｉｃｒｏｓｏｆｔ Ｔｅａｍｓ」はマイクロソフトが母体。法人向けの信頼性が高いソフトです。

現在、最も勢いがあるのは「Ｚｏｏｍ」でしょう。２０１９年末までは世界で１０００万人のユーザーしかいなかったのですが、現在は数十倍に膨れ上がっています。回線が安定していて、画面も滑らかです。

一方、Ｆａｃｅｂｏｏｋ社もＺｏｏｍに対抗する「Ｍｅｓｓｅｎｇｅｒ Ｒｏｏｍｓ」を発表しました。後追いのサービスなだけあって、Ｍｅｓｓｅｎｇｅｒ Ｒ ｏｏｍｓも優れた機能を持ちます。無料版Ｚｏｏｍには「３人以上で会話するなら最大40分」という時間制限がありましたが、Ｍｅｓｓｅｎｇｅｒ Ｒｏｏｍｓは時間制限なしで最大50人のビデオ会議を楽しめます。こちらはＦａｃｅｂｏｏｋのメッセンジャーからも使用可能です。

また、最近では「Ｒｅｍｏ」も新しい形の会議ツールとして興味深いサービスです。画面上にはテーブルを模したＵＩ（ユーザーインターフェース）がたくさん表示され、誰が会話に参加しているのか事前に確認できます。決まったメンバーでの会議ではなく、溜まり場での雑談のように楽しめるサービスと言えます。

今後も大手企業がビデオ会議に続々と参入し、既存のサービスもアップデートを繰り返していきますので、各社の競争は激化すると思われます。通信相手と同じソフトを使っていないと繋がりませんので、どこが「勝ち組」になるか判明するまでは、複数のソフトを並行して使用していくことになりそうです。

スマートスピーカーがあれば生活スタイルが変わる

同じく、リモートワークの広がりとともに注目されているのが「スマートスピーカー」です。

たとえばＡｍａｚｏｎのスマートスピーカー「Ａｌｅｘａ（アレクサ）」なら「アレクサ、音楽かけて」と音楽をかけさせたり「アレクサ、本を読んで」とオーディオブックの読み上げをお願いしたりもできます。他にも天気予報、目覚まし、電灯、エアコンのオンオフなど、様々な用途が広がっています。最近では音声認識でコーヒーを淹れてくれるマシンやお湯はりをしてくれる給湯器も出ていますし、声ひとつで様々なお手伝いをしてくれるスマートスピーカーは慣れるとクセになりますよ。

あまり機能を使いこなしていないと高いと思われがちなスマートスピーカーですが「お手伝いロボット」だと考えるとむしろ安いと言える注目のアイテムです。

スマホ向けＨＰのお勧めは「ペライチ」制作

ビジネスなどできちんとしたサイトを立ち上げるなら、近年はスマホからの閲覧を意識することが大切になってきています。ＨＰ（ホームページ）の検索や閲覧も、スマホ、タブレットからのユーザーがメインになっていますので、ページ切り替えの長文ページではなく、1ページで全ての情報をスクロールして見られる方式が人気です。何ページも移動するページ切り替え方式だと、閲覧者はそれだけで面倒になって最後まで読んでもらえません。スクロールもできるだけ少なくして、内容を簡潔にまとめた「ペライチ」タイプのHPなら言うことなしです。

リモートワークの普及で、会って話ができないこともある今、すでにHPを持っている方でも、別な用途に特化した、名刺代わりのHPを持っていくこともお勧めです。例えば作家さんなら新刊案内に特化したページを持つ、などです。HPにはAmazonのリンクも貼れますので、そのまま販売ページに誘導することも可能です。

HP制作についても、今はとても簡単になっています。以前はある程度htmlの知識がないとHPは作れませんでしたが、最近では「Wix」や「Jimdo」などの制作ツールからテンプレートデザインを選ぶだけで、ある程度の体裁が整えられます。ご興味がある方はチャレンジしてみてください。

それでもお困りの方は、私が運営する「ペライチ屋ドットコム」（https://peraichi.com/landing_pages/view/peraichiya）までご相談ください。文章表現からデザインまで私たちがサポートいたします。

SNSマナーとセキュリティについて

セキュリティの基本は、常に最新アップデートをしておくこと。それよりも本当に危険なのは、気軽に自分の個人情報を書いたり話したりしてしまうユーザー側の油断にあります。自分の住所、電話番号などを書かないのはもちろんですが、占いのような「診断系アプリ」にも気をつけましょう。「あなたを診断するため」と偽って個人情報を取得しようとする業者もいます。見知らぬHPやサービスを利用する時は「楽しそうなものには罠がある」という気持ちで臨んでください。

Facebookの乗っ取りが多発しているので、メッセンジャーで送られてくる動画などは、安易に開かないよう気をつけてください。二段階認証（コードがスマホに送られてきてその数字を画面に入力する）などでセキュリティを強化することが大切です。

また、メジャーなサイトには偽物が現れるものです。例えば大手インターネットショッピングモールの「楽天」でも、海外の業者が楽天そっくりの偽物を作ることがあります。お金のやり取りをする時は本物かどうかよく確認してからにしましょう。

Ａｍａｚｏｎ、Ａｐｐｌｅ、Ｚｏｏｍなどを騙（かた）った業者からメールが送られてくることもあります。「あなたのアカウントに問題がありました」などといった警告文でびっくりさせて、個人情報を盗もうとするケースです。慌てて相手の言うことに従ってしまう前に、メールアドレスなどをよく確認しましょう。アドレスに社名が入っていないのはほぼ確実に偽メールです。すぐにメール内のＵＲＬを押さずに、まずは一呼吸。本物の大手サイトから一刻を争うメールが来ることはまずありません。たとえアドレスに社名が入っていても、届いた内容をネットで検索すると、詐欺かどうかはすぐわかります。

ＳＮＳなどに写真をアップする時も気をつけましょう。電柱の名前や標識、駅の名前、小学校の名前などは特に注意です。スマホの位置情報はオフでも、ちょっとしたことで居場所がバレます。過去には、車のボンネットに映る歪んだ風景から相手のマンションを割り出した「特定のプロ」もいたくらいですから、用心に越したことはありません。

そして、最も大切なのは「知らない誰かを怒らせない、敵に回さない」ことです。相手が見えないSNSだからこそ、余計に相手の気持ちを考えたメッセージを送りましょう。

人間は、Ｔｗｉｔｔｅｒのように匿名の場だと、どうしても態度が大きくなってしまいます。過激なことを書いた方が反響も大きいので、それが嬉しくて言葉が過ぎてしまう人もいます。ですが、その書き込みで誰かを不快にさせていないかどうかをよく考えましょう。

ＴｗｉｔｔｅｒやＩｎｓｔａｇｒａｍで飲食店の料理写真を載せている人も多いですが、これも事前にお店の人に確認するのがエチケットです。インスタ映えによる宣伝を狙っている店もあれば、一方で「写真を撮っている暇があるなら一番美味しいタイミングで食べて欲しい」と願うシェフもいます。

スマホやインターネットは個人と世界を繋げてくれる素晴らしいツールですが、それだけに使い方を間違えるとトラブルになってしまいます。周囲の人や画面の向こうの人々を不快にさせないよう、思いやりを持って利用しましょう。そうすればきっと、トラブルに巻き込まれる危険性もグッと減るはずですよ。

山田トモミ公式サイト
URL：https://tomolabo.info/

Column

50カ国を旅して

あなたは、休暇やバカンスをどう考えますか？　パリっ子は幸せなバカンスのために労働しお金を貯め、イタリア人は日に焼けた肌を「テラコッタ」と自慢して競うといいます。

私は今まで50カ国近くを旅してきました。若さと情熱の賜物でポジティブに好奇心旺盛に、真面目に遊んできたように思います。

そこで、世界中で観た大好きなショーや場所を思いつくまま挙げてみると——。

フランス・パリの『ムーランルージュ』『リド』『パラディラタン』のレビュー。イタリア・ベニスの仮面カーニバルと『ハリーズバー』。イギリス・ロンドン

Column

のピカデリー・サーカスやキングスロード、ウインザー城。スペイン・マドリッドのフラメンコに古都トレド。バチカン市国のコンサート。チェコ・プラハではカフカの家を訪れ本場バドワイザーのビール工場見学。ハンガリーの温泉。ベルギーでビールを倒れるまで飲み比べ。旧ユーゴスラビア時代のクロアチアで熱狂したデヴィッド・ボウイのコンサートに、アドリア海の真珠ドブロブニク。アメリカでは、ニューヨークのソーホーでギャラリー巡りとライブハウス『ボトムライン』、『アポロシアター』で音楽漬け。ブロードウェイではロングラン公演されているボリウッドミュージカルを鑑賞。ロザンゼルスで見た独立記念日の花火と、〝絶叫マシンの聖地〟『シックスフラッグス・マジックマウンテン』のジェットコースターに、世界トップのマジシャンのパフォーマンスを堪能した『マジックキャッスル』、全米最大級のフリマであるローズボウルフリーマーケット。メキシコ・ティファナの国境越えドライブ。ポートランドからカナダ・バンクーバーまで、アムトラック列車の旅。ラスベガスでは、シルク・ド・ソレイユ『O』の水中ショーに驚き、『ブルーマングループ』や

Column

『チッペンデールズ』のメンズストリップでチップの嵐！

ハワイ島で両親に、最初で最後の親孝行。溶岩と、夜中に天文台へ。キューバ1周でヘミングウェィ像のあるバーに、国営キャバレーのショー。エジプト・ピラミッドのレーザーショー、ナイル川クルーズでのベリーダンス。オーストラリア、シドニーとアデレードで夏のクリスマス。南アフリカで知人の結婚式とワイナリーツアー。ボッワナではチョベ国立公園でサファリ。ジンバブエにある世界3大瀑布のひとつヴィクトリアフォールズで、Wの虹を見る！ナイアガラの滝も行ったので、あとはアルゼンチンとブラジルにまたがるイグアスの滝へ行けば、3つの滝を制覇して幸せになれるという伝承がありますね！

当時は円高でもあり、国内旅行は贅沢だと思っていました。若さと情熱と体力のあるうちに、本物を見に海の外へ出たことは、今でも私の財産です。残念ながら、その後、世界は戦争や、テロ、新型コロナウイルスの事態に見舞われてしまいましたが、海外旅行の貴重な体験を経て、世界中に友人も出来、様々な考え方を学ぶことで、おかげさまでタフな思考回路になりました。

第五章

トカイナカ暮らしで得たもの

初めての田舎暮らし

２０１８年の春に、人生で初めて郊外に引っ越しをしました。２０１９年3月に開業して話題になった、埼玉県・飯能（はんのう）市の『ムーミンバレーパーク』の近くで正式には入間市の西になります。近くには、牧場で美味しいカレーが食べられる、お気に入りの『TREE』があります。

前述したように、私は東京の目白生まれで、青山、渋谷、神楽坂、巣鴨など山手線の中から出たことがなかったのですが、経済アナリストの森永卓郎さんの講演を聴いてインスパイアされ都会田舎（トカイナカ）暮らしに憧れ、移住したのです。西武鉄道に乗り、池袋から30分も走れば、のどかな田園風景が広がり、近くて程よい自然があります。空気が綺麗で親切な人が多く、とても住みやすいので、休日には秩父方面や山梨にも足を延ばしています。

いつも楽しくTVや講演で拝見している森永卓郎さんは、30年以上前から所沢でトカイナカ暮らしを実践されています。コロナ禍で、今ではTVでも「トカイナカ」が特集され、多くのファミリーが移住し、都会で稼ぐライフスタイルに。

今では私もマスコミの仕事は、打ち合わせのある時だけ東京に出るという、2拠点生活を満喫しています。有楽町から全席指定のS－TRAINで帰った時は、こんなに速く快適に帰れるのかと、驚いたものです。こちらに住んでようやく2年が経ちましたが、実にその間、様々な出来事や素敵な気づきがありました。

2021年は、廃藩置県により埼玉県が誕生して150年。県内ではNHK大河ドラマ『青天を衝け』の影響もあり、武蔵国として様々なイベントが催されています。

埼玉県には温泉も多く、私は週1ペースで数々の温泉を巡りました。50歳を過ぎて、今までの遊びとは違う、何か新しいことにチャレンジしようと決めたからです。

長年の都会のアーバンライフから、興味はトカイナカへ。自然には眼を見張るものがあり、朝はうぐいすやさまざまな鳥のさえずり、セミと鈴虫の声、お足が溜まると言われているムカデが走り去るのに驚き、カブトムシやタヌキ、キツネ、ハクビシン、鹿に熊まで（目撃注意のサイトまであり）、クローバーの絨毯（じゅうたん）、紫陽花の小道、名もなき露草、川のせせらぎをBGMにしています。おかげさまでエアコンを使わなくなったので、そういえば、風邪をひかなくなりました。

買い物はJA道の駅や直販所で生の筍（たけのこ）を買い、姫皮和えと煮物、筍ご飯にも初挑戦しました。飯能は最近話題のエリアで、2020年にオープンした発酵専門博物館の『OH!!!』や、天井が高くて洒落た建築の飯能市立図書館などがあり、この中で1日中読書できる幸せを感じます。

飯能駅近くの入間川沿いには、美味しい蕎麦屋の他に、クラフトビール工場も兼ね備えている『カールヴァーン』という美術館のような、アラビア料理のレストランが突如現れます！　デートやパーティー、レセプションや撮影場所に使う方も多いそうです。

週末は、宮沢湖畔にある『宮沢湖温泉　喜楽里（きらり）別邸』に通っています。秩父山系を一望する露天風呂に入り、高濃度炭酸泉で、体を活性化し、サウナと水風呂に何度も入り、岩盤浴をし、垢すりとリンパマッサージのエステで体の汚れを落とし、最後は寝転び湯でゆったりと、開放感あふれるひと時を何も考えないで過ごす。

結果、インスピレーションが生まれ、創作意欲が湧き、英気を養うことにもなるのです。経営者がサウナやスパで思考を整えるという類の本も、「サ道」ブームでビジネスマンに売れています。**日常を離れ、極上のおもてなしを心ゆくまで受ける。一見な**

んでもないような、筋肉を緩めてボーッとリラックスできる時間こそ、至福の極みです。

何もしない1日など、一見無駄に思えることでも楽しめるのが、優雅で贅沢なことです。

私の夢は、いずれ飯能あたりの古民家などをリノベーションして、スタッフでもある江戸料理・文化研究家の車浮代さんのためにキッチンスタジオを作り、ＹｏｕＴｕｂｅを撮り、ぜひ飯能から世間に発信したいのです。私の本や、ライフスタイルの番組にしても構いません。コロナの影響でリモートワークが進む中、新たな働き方改革を思案中です。

これからの時代は、これまでの価値にとらわれず、働き方や暮らし方を変えていくことが求められるでしょう。

日本一しあわせなまち、秩父へようこそ！

西武鉄道特急ラビューのCMで流れているように、秩父は都心から約80分でアクセス可能です。埼玉県で最も面積が広い秩父市の楽しみ方は無限です。私も田舎暮らしを始めてから秩父の奥深い魅力を知り、度々訪れるようになりました。

そこで、本書で秩父特集を組もうと思い立ち、秩父市役所でお話を伺いました。

マイクロツーリズムの最適地

秩父と言えば芝桜が有名ですが、それだけではありません。自然豊かで、車で10分も走れば山や川などに行けるため、四季折々の風景を楽しむことができます。山には様々な高山植物が溢れており、たくさんの種類の野鳥を見ることもできます。川では釣りやキャンプが楽しめるほか、神社仏閣などのパワースポット巡りをはじめ、アニメの聖地巡礼やアクティビティ、ご当地グルメやジビエ料理と、自然と歴

日本三大曳祭の一つでありユネスコ無形文化遺産にも登録されている「秩父夜祭」

史に囲まれた都会から近い、まさにマイクロツーリズムの適地と言えるでしょう。

毎年定例のイベントだけでも、2月は三峯神社のごもっともさま、3月は恒持神社の山田の春祭り、5月は吉田米山薬師堂の塚越の花まつり、7月は秩父神社の秩父川瀬祭、荒川熊野神社の猪鼻の甘酒まつり、10月は国重要無形民俗文化財の指定を受けた吉田椋(むく)神社の龍勢祭（ロケット祭り）、12月はユネスコ無形文化遺産に登録された秩父神社の秩父夜祭……と目白押しです。

さらに、春は清雲寺のしだれ桜、

白砂公園のカタクリ、羊山公園の芝桜、秩父ミューズパークのシャクナゲ、夏は札所3番常泉寺のアジサイ、秋は秩父ミューズパークのイチョウ並木、奥秩父の紅葉なども壮大なスケールで楽しめ、全国からたくさんの観光客が訪れます。

関東屈指のパワースポット

秩父ではご当地グルメも是非味わってください。秩父は昔から養豚場があったため、新鮮な豚肉が入手できました。豚肉の味噌漬け、わらじを模した二枚のカツが乗ったわらじカツ丼、豚のモツを使ったホルモン焼きは秩父のご当地グルメとして有名です。他にも、蒸したジャガイモの天ぷらに甘い味噌だれをつけたみそポテトは郷土料理として親しまれており、また、水質が良いため、美味しい蕎麦やうどんもお召し上がりいただけます。お店で味わうのもいいですが、スーパーや道の駅などで売られているので、お土産にもお勧めです。

春は山で採れたばかりの新鮮な山菜料理、夏は現地でしか味わえない、天然氷のかき氷も人気で、多くのお店で提供しています。鮎、岩魚、山女魚（やまめ）などの川魚料理も人気で、猪肉や鹿肉などを使ったジビエ料理、冬はぼたん鍋を楽しめます。

さらに関東屈指のパワースポットとして、秩父三社（秩父神社、三峯神社、寶登（ほど）山（宝登山）神社）が挙げられますし、龍神水でお金を洗うと一万倍になるといわれている秩父今宮神社、金運アップのパワースポット、黒谷の『和銅遺跡』は、日本初の流通通貨である「和同開珎（わどうかいちん）」に使われた銅が採れた場所として、採掘跡が残っており、聖（ひじり）神社が祀られています。

また、秩父にしかない魅力として「秩父札所（秩父三十四所観音霊場）」巡りがあります。昨今は御朱印集めがはやっていることもあり、たくさんの女性が訪れています。また秩父三十四所は、西国三十三所と坂東三十三所を合わせて『日本百観音』といい、その結願寺は秩父の札所三十四番である水潜寺となっていますので、西国、坂東を回られた後に秩父を巡られ、結願される方が多いです。

このように、数々の魅力に溢れた「日本一しあわせなまち、秩父」へどうぞお越しください。

秩父観光協会ぶらっとちちぶ
URL：http://www.chichibuji.gr.jp

車窓の風景を眺めながら美食をいただく「52席の至福」

「西武鉄道100年アニバーサリー」の一環として運行を開始した『西武　旅するレストラン「52席の至福」』は、4両編成のレストラン電車。

車両の外装と内装をデザインされたのは、オリンピックスタジアム（新国立競技場）を設計されたことでも有名な、世界的建築家の隈研吾さん。

今回、私は、本書の取材で、西武新宿駅から西武秩父駅までのブランチコースを体験させていただきました。外装は空色をベースに、荒川の水と秩父の春夏秋冬をイメージした、自然に溶け込む軽やかなデザインです。

ところが一歩車両内に足を踏み入れると、そこは全くの異空間。ウッドベースの、上質で品格のある、落ち着いた空間が広がっていました。まるで重厚なホテルのロビーに居ながら、移動しているような感じです。

実は隈研吾さんとは長いおつきあいなので、このことをお伝えしましたところ、快くコメントを寄せてくださいました。

ブランチコース例（シェフによって
メニューが変わります）

52型（4000系）をリメイクした車両

西川材の格子天井が見事な4号車両

「僕はインテリアをデザインする時、天井からデザインを始めることが多い。『52席の至福』の列車をデザインした時も、まず天井をどうしようかと考えた。美しい天井は、人を安心させる。かつて人類が洞窟の中で暮らしていた時、あるいは森の樹冠の下で生活していた時、身体の上にある『天井』によって守られていた時の記憶のせいだろうと、僕は考える。美しい天井は、人を安心させ、安らかな気持ちにさせ、食べ物をおいしくする。大変な時代であればあるほど、人々は、そんな安心を強く、切実に求めるのである」(隈研吾さん)

車両をデザインされた隈研吾氏。
©J.C.Carbonne

隈さんこだわりの天井はインパクトがあり、オープンダイニングの座席につくとまず目に入ります。2号車には鍾乳洞や洞窟をイメージした柿渋和紙が貼られ、4号車は埼玉県産の西川材で作られた木格子が渓流の流れを表していて、見ているだけでワクワク感を煽ります。

さて、特急なら約80分で到着するところを、ゆったりと3時間近くをかけて食事を楽しめるブランチコースの醍醐味は、日中の車窓から移りゆく景色を眺められることです。特に西武沿線は都市部をすぐに抜けられるため、大自然に癒されながら、埼玉の食材を使ったコース料理をいただくことができます。

この日のブランチメニューを担当されたのは、日本料理の名店『賛否両論』オーナーシェフの笠原将弘氏（昼と夜×季節毎にレシピを担当する有名シェフが定期的に変わります）。秩父の野菜や肉類を使った、オリジナリティ溢れる洒落たお料理がいただけるのが嬉しいところ。アルコール類も、秩父産のワイン、日本酒、イチローズモルトも揃えられており、とても優雅で贅沢な気分に浸れます。

さらに乗車中には、心和むサプライズが……！　道中3カ所で、待機中の駅員さんや乗務員さんたちが線路沿いの社屋の前に並ばれ、『52席の至福』のロゴが入った旗を振ってくださるのです。これには私はもちろん、乗客の皆さんも笑顔になって、一生懸命手を振り返していました。下車の前には、車内スタッフの方々からの手書きのメッセージカードをいただき、感動しました。「人の温かみを感じられるサービスを」というのが、西武鉄道のモットーと伺っていましたが、まさにこういうことなのだと思いました。

車内ではオリジナルグッズの販売と（オリジナルコースターは持ち帰り可）、ブランチコースの列車のみ、芦ヶ久保駅で30分ほど散策タイムがあるので、駅の近くの道の駅で買い物を楽しむこともできます。

西武秩父駅には『祭の湯』という複合温泉施設が併設されています。土産物エリアとフードコートを抜けた奥に温泉エリアがあり、各種マッサージや岩盤浴、開放感あふれるユニークな露天風呂などが揃っています。

秩父観光を一通り楽しんだら、帰路は2020年、鉄道友の会選定「ブルーリボン賞」を受賞した、新型特急ラビューで帰路につきました。流線型のシルバーの車体と大きな窓、黄色い座席が独創的な、スタイリ

約80分で池袋-秩父間を疾走する新型特急ラビュー

ッシュなデザイン。ルーブル美術館別館や、すみだ北斎美術館の建築で知られる、妹島和世氏のデザインです。

こだわりの座席はややグリーンがかった黄色をしており、足元まで開いた大きな窓から見える山々の緑と一体化して、美しいグラデーションを醸し出しています。最高品質のクッション材が使われているので座り心地も良く、最後まで快適な旅を楽しむことができました。

西武　旅するレストラン　52席の至福　※完全予約制
URL：https://www.seiburailway.jp/railways/seibu52-shifuku/

特急ラビュー
URL：https://www.seiburailway.jp/express/limitedexpress/laview/about/

お互いが気遣える関係を

『賛否両論』オーナーシェフ　笠原将弘さん

TVやラジオのレギュラー番組を持ち、料理本を多数出版され、様々な商品のプロデュースもされている『賛否両論』の笠原将弘シェフ。西武鉄道『旅するレストラン「52席の至福」』の取材の際、ブランチコースのレシピを担当されたのが笠原シェフでした。

ご実家が焼鳥店で、幼少期から仕込みの手伝いなどをしていた笠原シェフ。高校卒業後は『正月屋吉兆』で9年間修業され、その後実家の焼鳥店を継がれますが、30周年を機に一旦店を閉め、2004年9月、恵比寿におまかせコースのみの日本料理店『賛否両論』をオープン。現在では名古屋と金沢にも直営店があります。

「腕・舌・遊び心」をモットーに、本格的な日本料理店としてはリーズナブルで、肩肘張らないカジュアルな雰囲気が大人気の、予約が取れないお店です。「日本で一番、日本人の役に立ち、喜ばれた和食屋だった」と、後世に名を残せることを目標に、日々邁進されているのだとか。

五感全部で食事を楽しんで

僕が考える一流のお客様は、お店や周りのお客様にも気を使っていただきながら、ご自身もその場を楽しんでいらっしゃる方ですね。うちは7、8割が常連の店なのですが、一品目の料理は必ず僕が出すようにしています。初めてのお客様には、緊張がほぐれるようなくだらないジョークを言うなど。例えば「苦手なものはありますか?」と聞いて「きのこが苦手です」と答えられたら『きのこの山』は平気ですか?」というような、本当にくだらないジョークです。あまりのバカバカしさに、その方の肩の力が抜けてくれればそれでいい。

あと、できればうちにいらした時は、五感の全部で食事を楽しんでいただきたいですね。仕方のないことなのでしょうが、食事の最中に何度も電話で中座されると、温かいものは作り直してお出しすることになります。一番美味しい状態で料理を提供させていただいているので、すぐに食べないで写真を撮り続けられるのも気になります。

飲み物など追加で注文される際に「すみません、お手すきの時で結構ですので、○○ください」とこちらを気遣ってくださるお客様には、こちらもよくしようと思います。

うちから提供しているサービスとしては、お客様同士の会話の中で記念日を察知すると、お赤飯を一口お出ししたり、デザートにキャンドルと飴細工でメッセージを書いたり。もちろん予約の段階で記念日だとおっしゃってくだされば、お祝いのサービスはさせていただきます。

うちはお任せコース一手なので、お客様の様子を伺いながら量の調節はさせていただいています。例えばお年寄りには刺身を薄く切るとか、箸が使いづらそうな方にはスプーンとフォークをお出しするとか、少食の方には量を控えるなど。当たり前のことですが。

思い出に残るサービスといえば、僕がまだ20歳そこそこの頃だったかな。背伸びして、彼女を高級フレンチに誘ったんですよ。もう緊張しまくりで、明らかに周囲から浮いていたんだけど、その時のソムリエが、僕が恥をかかないようにオーダーのアドバイスをするなど、実にさりげなくリードしてくれて。今思い出しても本当に赤面ものなんだけど、「シャブリの赤ってありますか？」って聞いてしまって、そんなものあるはずもないのに、「あいにく本日は切らせております」って言ってくれたんですよ。その時はガチガチで気づかなかったんだけど、後でシャブリには白しかないんだって知った時には、心からその人に感謝しました。こういうのをスマートなサービスっていうんでしょうね。

賛否両論
URL：https://www.sanpi-ryoron.com

心身ともにファスティングする「一流の時間」の使い方

パルムリゾート秩父 オーナー 小尾優海香さん

秩父で贅沢な「ファスティングエステ三昧」の時間を過ごせると伺い、さっそく申し込んでみたのがパルムリゾート秩父の「ファスティング２泊３日プラン」。２泊３日の間に、日々の疲れや老廃物、毒素をデトックスできる女性専用プログラムです。

■女性だけの空間で綺麗な体になる

期待を胸に館内に入ると、まずは「ウェルカムマッサージ」のお出迎えを受けました。女性エステティシャン自らゲストに触れることで、ゲストの体調や体質などが把握されます。

その後は、３種類の体質に合わせて、ストレッチやヨガ教室に参加したり、美肌効

小鹿野の自然に囲まれたパルムリゾート秩父

美肌効果のある高アルカリイオン泉、江戸時代から続く「大竜寺温泉」を使用している

果の高いアルカリ泉・ゲルマニウム温浴・岩盤浴に繰り返し入ったりと、ひたすらデトックスに特化した時間を味わえます。メタホウ酸を含むアルカリイオン泉は、江戸時代から続いている「大竜寺温泉」が源泉です。

気になる飲み物や食事は、3種類の「体質別スムージー」や、旬の野菜とスパイスを使った「滋養スープ」「薬膳粥」など、手作りの「アーユルヴェーダ（ヨガの生命科学）」食。消化が良く、胃腸を休ませるのが目的です。お水も好きなだけ飲めますので、渇きに苦しむこともありません。

むしろ、綺麗な食材や水分をたくさん摂って、汗をかいて体内から美しくなるのがファスティングの目的のひとつです。午前中は排出の時間で、昼食はしっかり取ります。ちなみに、朝はパン食、という方も多いと思いますが、食パンは消化に重い小麦を使っているのであまり良くないとか。

岩盤浴や入浴を繰り返して良い汗をかく過程で嬉しかったのは、完全女性専用のサービスだという点。館内に男性の姿は一切ありませんので、自然な場所で、のんびりと美に磨きをかけられます。

また、期間中は「日本3大観音巡礼」の聖地として名高い秩父札所巡りなど、秩父の自然と歴史を満喫できるレジャーや散歩コースも用意されています。パワースポットとしても知られるお寺を巡ると、心の中から洗われたような気持ちになれますよ。
私が取材で訪れたのは、ちょうど桜が美しい時期。秩父にある清雲寺を参加者の皆さんと訪れ、名物の枝垂れ桜を鑑賞しました。

■辛い思いのない、女性に優しいファスティング

実際に体感してみて驚いたのが、食事量を減らしてもあまり辛い思いをしないこと。オーナーの小尾優海香さんによれば、女性の体調や限界を繊細に感じ取り、プログラムに反映できるそうです。

パルムリゾート秩父のファスティングの目的は、無理なダイエットではありません。減量だけではなく、食事と運動によって体の内外から綺麗な体になることが真の目的なのです。

効果のほどは、参加者のリターン率7割以上という数字が示しています。20歳から70歳ぐらいまで、参加者にはご高齢の方もいらっしゃいますが、そういった方々は「自分はまだまだ輝ける、女性として綺麗になれる」という自信と生命力を実感される

そうです。

「全く違う職業や環境の人が、和気あいあいと、同じベクトルの方向の健康という目的に向かう3日間。それはとても気持ちのいい集いです」

と語る小尾さん。たしかに社会人になると、全く違う立場の人と同じ時間を過ごす体験は少なくなってしまいます。普段、自分を位置づける肩書を捨てて人と交わる3日間は、肉体のみならず精神もファスティングしてくれるのかもしれません。多忙な日々や肩書を忘れ、心身の毒素を排出するパルムリゾート秩父のファスティングプランは、セレブのリゾートと共通する「一流の時間の使い方」と言えそうです。

ちなみに、私も帰宅後ストレッチポールを購入し、自宅での運動を心がけています。こうした運動や美容への意識が高まることも、〝美と健康の駆け込み寺〟パルムリゾート秩父のファスティング2泊3日プランで得られる効果のひとつかもしれません。

パルムリゾート秩父
埼玉県秩父郡小鹿野町長留３０５６
ＴＥＬ：０４９４‐２６‐５６３６
ＵＲＬ：http://palm-resort.net/chichibu/
e‐Ｍａｉｌ：chichibu86@palm-resort.net
※本書を持参の上、「ファスティングプラン2泊3日」にご参加いただいた先着10名様に、選べる目的別7種類のオーガニックハーブティー（10包入）の中から、お好きな物を1箱プレゼント。

犬も猫も羊もお出迎えしてくれます

世界最高評価のジャパニーズウイスキー「イチローズモルト」

株式会社ベンチャーウイスキー　秩父蒸溜所 代表取締役社長　肥土伊知郎さん

秩父の中心地から車で20〜30分の小高い丘の中腹に、世界最高賞を受賞し続けている蒸溜所があるのをご存知でしょうか？　ウイスキー愛好家羨望の『イチローズモルト』を生み出している、（株）ベンチャーウイスキー　秩父蒸溜所です。

晴れ渡った初夏の一日に取材に伺い、たくさんの発酵槽が並ぶ製造棟や、新旧さまざまな樽が眠るダンネージ式の貯蔵庫を同社のブランドアドバイザーで、「アイコンズ・オブ・ウイスキー」と「ワールド・ウイスキー・オブ・ザ・イヤー」の受賞歴がある吉川由美さんに案内していただきました。樽はワインやシェリー酒など、他の種類のお酒が入っていたリユース品で、何を仕込んだ後かによってフレーバーが違ってくるのだとか。ウェイティングルームには、1樽に1瓶ずつ、サンプリングされた多彩な原酒が並びます。

代表を務める肥土伊知郎社長は地元の生まれ。江戸時代から続く日本酒の蔵元の21代目として誕生してから、世界が認めるウィスキーを造るまでには、大きな挫折と再生の物語がありました。

原酒廃棄の危機を乗り越え

祖父は羽生蒸溜所を運営していた東亜酒造の設立者で、日本酒のほか、ワインや焼酎、ウイスキーを製造していました。父が跡を継ぎ、私は大学卒業後、サントリーに入社しました。29歳の時、東亜酒造の経営が傾き、父を支えるために実家に戻りましたが、2000年に経営破綻して民事再生法を適用。翌年に社長に就任したものの業績は回復せず、2003年に会社を日の出通商（現：日の出ホールディングス）に売却しました。ところが国産ウイスキー斜陽の時代、日の出通商はウイスキー事業からの撤退を決め、羽生蒸溜所にあったウイスキーの原酒約400樽は、引き取り手が見つからなければ廃棄されることに。父が造った原酒には、20年近く熟成させたものもありました。

ベンチャーウイスキー創業者の肥土伊知郎さん。熟成庫には様々な種類の樽が並ぶ

元々、うちのウイスキーは「クセがあって水割りで飲みづらい」という評価でしたが、僕は逆にそれを個性と捉え、ストレートで飲むのにふさわしいのではと、自社のウイスキーを持って、毎晩のように名店と言われるバーのマスターを訪ねました。感想を聞くと共に、世界中のウイスキーについて学び、益々ウイスキーが好きになりました。バー巡りを続けていると、マスター同士の横の繋がりで、別のお勧めのバーを紹介してくれるんです。本来は商売敵のはずなのに、これがバーのいいところで、1晩に2、3軒はハシゴしたんじゃないかなぁ。そもそもウイスキ

ー愛好家は酒豪が多いので、そうするうちに人の繋がりができていった。

そうやって光明を見出したところに、原酒の破棄だなんて絶対に承服できない。東奔西走してやっと福島県の『笹の川酒造』の山口社長が、貯蔵庫を貸してくださることになったんです。「原酒の廃棄は業界の損失だ」と言ってくださり、この原酒をしっかりと自分で製品化して、売り切ることを約束しました。

その後、2004年9月にベンチャーウイスキー社を立ち上げました。約半年後、笹の川酒造に預けてあるウイスキーを『イチローズモルト』と銘打って600本を商品化。約2年がかりで山口社長との約束を果たしました。その頃にはマスター同士やウイスキー愛好家たちのクチコミで、イチローズモルトが知られるようになり、カードシリーズの『キング オブ ダイヤモンズ』は、世界100カ国以上で愛読されているイギリスのウイスキー専門誌『ウイスキーマガジン』のジャパニーズモルト特集で、最高得点の「ゴールドアワード」に選ばれました。

秩父はウイスキー造りに最適

蒸溜所を立ち上げるため、ウイスキーの本場スコットランドの蒸留所でも研修を受け、ポッドスチル（蒸留器）はスコットランドのメーカーから輸入しました。原材料を発酵させる発酵槽はミズナラの木を使っています。

そうして2007年11月に秩父蒸溜所が完成し、2008年2月に創業。世界最高のウイスキーを決めるＷＷＡ（ワールド・ウイスキー・アワード）で、2017年以降、毎年カテゴリー別日本Ｎｏ．1に輝き続けています。連続受賞のプレッシャーはないですね。金賞を取るのが目的ではないですし、いいものを造りたいという思いが、たまたま審査員の嗜好と合致しただけだと思っています。

秩父は寒暖差が大きく、ウイスキー造りにとても適した土地です。私は生まれ育ったこの土地で、原料から樽まで、全て地元秩父の材料を使ったウイスキーを造ることを目標の一つに掲げています。樽の原料のミズナラの木を、秩父産のものでも試してみたいし、原材料である大麦も、蕎麦の裏作で作れることがわかり、地元の農家さんで作ってもらい、仕込みに使い始めています。これが叶えば、麦から樽まで地元産のものを使うことができたら、世界で唯一、地産品だけで造られたウイスキーができる。それを世界中の人に飲んでもらいたい。

そしてまた、少なくともここで造った30年もののウイスキーを飲んでみたい。それが僕の生きがいであり、夢でもあります。

そんなジャパニーズウイスキーの革命児である肥土社長に、バーでの楽しみ方を伺いました。

ウイスキーはバーで飲む

若い人に突然バーに行けと言ってもハードルが高いので、まずは居酒屋で、ハイボールやウイスキーの水割りから始めて、次第にストレート+チェイサーで飲んでみようとなって、ゆっくりと味や香りを楽しむようになって、やがてバーでシングルモルトの楽しさを徐々に知る感じでいいと思います。

バーには特別な雰囲気があります。世界中の知らない銘柄のウイスキーが並んでいるので、飲み比べて違いがわかるようになると、どんどん楽しくなり、ウイスキーが好きになってゆく。ワインが、造り方にほとんど違いがないのにシャトーごとに味が違うように、ウイスキーも同じで、味は千差万別。バーテンダーに聞けば、どんな飲み方をすればいいか、どの酒を飲み比べればいいかなど、すべて教えてくれます。

僕はウイスキーは、バーで飲むのが一番好きです。僕にとっては仕事でありながら、癒しの空間でもある。夢を語ると応援してくれ、励まされて勧められて今がある。もしバーがなかったら、僕は秩父蒸溜所を立ち上げられなかったかもしれません。

喋りたい時は聞いてくれて、喋りたくない時は放っておいてくれる。ほろ酔い加減で、ゆったりと心地よい時間を店と共有できる、こんな空間は他にないと思います。

仕事柄、世界中のバーに行きますが、NYで訪れた、見せ方にこだわって、ドライアイスで演出するようなバーもたまにはいいけど、僕はオーセンティックなバーで静かに語る方がいい。特に日本のバーは品揃えも知識も豊富で、行く先々で、マスターが師匠や弟子の店を紹介してくれるので、ハシゴも楽しめる。

それに、ウイスキー愛好家には酒豪が多いので、バーで潰れるような人や、大声で管を巻くような人はあまりいません。みんなお店のルールに従って静かに語っているし、店が荒れるといい客がいなくなるので、バーテンダーが嫌がります。

ちなみに、ウイスキーに一番合うおつまみはミックスナッツでしょうね。ウイスキーは味が強いからいつも主役で、その主役を引き立てるのがミックスナッツ。どんなウイスキーにも合うように思います。

株式会社ベンチャーウイスキー　秩父蒸溜所
Facebook：Chichibu distillery
※一般見学・および販売は行っておりません

「一粒万倍」のパワースポット

秩父今宮神社　宮司　塩谷崇之さん

秩父は地形が盆地で、武甲山からの湧き水がとても良い、水に恵まれた土地です。名水があるからお酒や蕎麦も美味しく、水がいいから温泉がいい。秩父には星音の湯や満願の湯、武甲温泉といったいい温泉がたくさんあります。風水的にもすごくいい場所で、若い人が気に入って、リピーターも多いとか。

太陽寺の取材で宿坊体験をさせていただいた日は、2020年の6月20日で、天赦日でした。**天赦日とは、「てんしゃにち」もしくは「てんしゃび」と読み、日本の暦の上で最上の吉日を指しています。新しい何かをスタートさせたり、躊躇していたことに挑戦したりするにはもってこいの日。さらに月に4~6回訪れる「一粒万倍日」（撒いた種が万倍になって返ってくるとされる、金運アップの吉日）が重なった、知る人**

ぞ知る最強の開運日で、みなさんこの日を目指して、秩父今宮神社にお水取りに来られるのだそうです。

普段からとても気がいい神社と伺い、宮司の塩谷崇之さんにお話を伺いました。

修験道の拠点のひとつ

秩父今宮神社は日本有数の古社です。信州諏訪の勢力が西暦100年前後に秩父に移住し、この地に湧き出る武甲山からの霊泉に「水神」を祀ったのが始原といわれています。

有史時代に入ると、この霊泉に国生みの神である「伊邪那岐（イザナギ）・伊邪那美（イザナミ）」の二神が祀られるようになりました。

672年（天武天皇元年）の壬申の乱の前後に、秩父の勢力は修験道の開祖「役行者（えんのぎょうじゃ）」の導きで天武帝に協力したと伝えられ、それを機に秩父は発展を遂げます。役行者は秩父に修行に訪れ、霊泉の傍に観音菩薩（ぼさつ）の守護神である「八大龍王」を合祀し、のちにこれが「宮中八神」と習合され、「八大龍王宮」または「八大宮」と呼ばれ、秩父修験の中核となりました。

平安時代初期には、空海が来遊して、現在の「橋立寺」の洞窟内部に道場を開き、37日間の護摩秘呪を行いました。その後、八大宮に隣接して、「大宮山満光寺」「長岳山正覚院金剛寺」が相次いで開山され、さらに平安後期には熊野権現が勧請され、宮中八神と大日如来の習合した「八大権現社」が建立されました。

京都の今宮神社から須佐之男大神（スサノオノオオカミ）をこの地に勧請したのは１５３５年（天文４年）のこと。疫病が猛威をふるったため、病魔退散を願ってのことです。１５６９年（永禄12年）には20万坪の広大な敷地に、修験道場や神社、仏寺観音堂などが混在していました。

江戸時代には「今宮八大宮」「八大権現社」と呼ばれる神社と「長岳山正覚院金剛寺」「大宮山満光寺」「今宮観音堂（札所十四番）」「橋立観音堂（札所二十八番）」を配下に収め、総称「今宮坊」とされ、神仏習合の一大霊場となりました。

この辺りが宿場町として栄えた頃、秩父今宮神社は秩父の域における修験道の拠点のひとつでした。各所に札所があり、良い関係を築いています。

実は、私は平日、東京の八重洲で弁護士をしておりますが、週末や祭礼行事などの時は、今宮神社へ帰ってきて神明奉仕をいたします。

境内にそびえる千年欅は、龍神様の住み処といわれている

武甲山伏流の流れる「清龍の滝」。「平成の名水百選」にも選定されている

「なぜ、弁護士と宮司なのですか？」という質問をよくされます。神道では、神主の仕事は「仲執り持ち」と呼ばれています。弁護士の仕事は依頼者からの相談を受けてその願いを裁判所や役所にお伝えすることで、神主の仕事もご祈願にいらした方の悩みや願いを「祝詞（のりと）」のかたちで神様にお伝えしてお繋ぎするものですから、基本的に同じ行為のような気がします。両方とも、話をよく聞いて、その思いをわかりやすく相手にお伝えする、というスタンスは同じですから。

気枯れをお浄め

日常や都会のよくない気を逃れて、ここへいらっしゃる方は数多くいらっしゃいます。いい「気」に溢れ、くつろげる空間にすることを心がけておりますので、気に入られて、何度でも散歩がてら、けがれ（気枯れ）を武甲山から御神水でお浄めするとともに、心身を潤して行かれるのです。若い方やカップルの方が多いのは、嬉しいですね。

白い玉砂利が敷かれた広々とした境内の中央には、埼玉県の天然記念物に指定された大きな欅（けやき）の古木があり、この地に祀られている龍神の住み処として信仰を集め「龍神木」と呼ばれています。また「龍神池」には、古来、秩父の霊山・武甲山からの伏流水が湧き出ています。武甲山に住む龍神が、地中の水の流れに乗ってこの霊池に降りてくると伝えられています。

「清龍の滝」から流れる水も同じく武甲山伏流水で、環境省指定の「平成の名水百選」に選ばれており、環境浄化の象徴として、お浄（きよ）めの霊水として珍重されています。この龍神水は「一粒万倍」の水と呼ばれ、ご利益は一滴で絶大。お風呂に数滴入れたり、お部屋にまいていただくと「禊」になりますので、不安や厄が払えます。またこの水でお金を洗うと「一粒万倍」効果により万倍に、例えば100円が1000万円になると信じられています。「水占い」の場所としても人気を集めています。

　御札所で購入できる三体守は、八大龍王神・聖観世音菩薩・神変大菩薩（行者様）の三体の神仏の力がひとつになったお守りです。三体重ねて持つと神仏合わせたお力をいただくことができます。

秩父今宮神社
URL：http://www.imamiyajinja.jp

幻のキノコ「岩茸」と、天然の山の恵みがいただける宿

茅葺の宿　民宿すぎの子 オーナー
宮崎テル子さん
義彦さん

山全体を眺めるだけで、どこに熊や鹿や猪がいて、どこにどんな山菜が生えているかがわかる――。嘘のような本当の話ですが、奥秩父には、こんな仙人のようなご一家がやっていらっしゃる民宿があるのです。

今では珍しい、風情ある茅葺き屋根の古民家は、築３００年。元はこの辺りの庄屋さんのご自宅を、改装して民宿にされたのだとか。ここでいただけるのは、ご主人が自ら山で採ってこられた山菜やキノコ、近くの荒川で捕れる山女魚や岩魚といった川魚の甘露煮、冬場は名物の牡丹鍋(ぼたん)……と、四季折々の秩父の自然の恵みを味わうことができます。**特筆すべきは、標高1000m以上の断崖絶壁にしか生息しない幻のキノコ「岩茸」がいただけることです。なんとこの岩茸、1年に1㎜しか成長しないいた**

め、ここで提供される岩茸は50年から100年もの。現在は免疫力を高め、制ガン作用があるとされる岩茸ですが、江戸時代も万病に効くとされ、高層ビルの窓を拭くゴンドラのように、籠に乗って縄に吊られ、崖に生えた岩茸を採っていました。籠が落下して命を落とす人が続出したため（命がけで採る価値があるほど高値で売れたそうです）、近隣の宿では「岩茸採りに宿を貸すべからず」という御触れまで出たのだとか。

そんな岩茸採り、現在も危険なことに変わりはありません。ご主人も、初めて崖を降りる時は足がすくんだそうです。今では楽しくてしょうがないそうですが、それも山菜採りの大名人、お母様で女将さんの、宮崎テル子さんの指導があってのこと。

山が庭

私の実家は材木屋でね。小学4年生の頃から、家で使う薪（まき）を拾いに山に入ってたんだよ。近所の子供達はその辺の山へ行って拾って来るんだけど、私は山が好きだから、向こうの山の炭焼き小屋まで行って、炭焼きのおっちゃんから裏枝（落とした細い枝）をもらってね。炭焼きに使う木は硬木だから、すぐ使えるし、長持ちするしで喜ばれるんだよね。おっちゃんに「またうるさい娘っ子が来た」って言われながら、何度も通ってた。

学校を卒業すると、番頭さんの後をついて山に入っていたから、すごく木に詳しくなってね。20歳になる頃にはベテランの目利き師になっていて、原木の目利きから木取り（材木の切り出し）、仕入れや売り込みまで全部やれたから、今から60年以上も前に、月給が50万円は下らない高給取りだったよ。

そんなわけで、山が庭みたいなもんだったから、山のことはなんでもわかる。どこにどんな獣がいるとか、いつどこで何が採れるとか、何時から霧が出るとか、熊に出くわした時の対処法だとか、雨が降ってきたらどうすれば風邪をひかないかとか。例えば山に登るのに、尾根を辿るのは阿呆（あほう）だね。尾根は曲がりくねってるから、どこに連れていかれるかわからない。目的地に向かって、獣道をまっすぐ上がるのが正しい。獣道は一般人には見つけられないけど、山をよく見ると、そこだけ笹や草木が低く茂ってたりしてわかるんだ。

いつもちゃんと山を見てると、獣の気配も感じられるし、今あそこに花が咲いてるから秋に行けば実が採れるとか、あそこの山は木を切ったらしいから、3年後にはタラの芽がいっぱい出るとか、目星がつけられる。

カモシカが登った後を辿る

岩茸もね、私は崖を登るのも好きだから、怖いと思ったことがなくて。せがれなんかは、「お母さん筋肉モリモリでもないのに、何でスルスル登っていくの？」って驚いてた。硬い岩石を選んで登るんだけど、どうやって岩石を見分けるかっていうと、これにもコツがあって、カモシカが登った後を辿るんだよ。カモシカの寝床は岩の上にあるから、崖を降りて餌を食べ、巣に戻るためにまた上がっていく。その途中の岩でフンをするんだね。だから鹿のフンがある岩を探して登ると、そこは鹿が通った道だから、岩石が硬いんだ。

ただし、どの崖にも岩茸が生えてるわけじゃないんだよ。標高2000mくらいの反り返った山の天井に生えるんだけど、太陽の向きで霧が深いところでないとできないし、そんなところは乱気流でコロコロ天気が変わる。岩の種類によっては岩茸がつかないこともある。岩の種類が何なのかは、足元に落ちてる小石を見ればわかるんだ。50年、100年経つと、崖の岩が崩れ落ちて散らばってるから、何系の岩かわかるんだ。

それであそこには岩茸が生えてるって目星をつけても、岩茸は濡れていないとボロボロに砕けて採れないから、前日に雨が降って、明日は標高2000mは曇りだな、って日の朝4時に登って毟り取るんだ。

採ろうと思ったきっかけは、岩茸は万病に効くから喜ばれるって聞いたのと、無心になりたかったから。登る時は何か考えると落ちるんで、無の世界。これがストレス解消になったんだね。

せがれを最初に崖に連れてった時も、「かあちゃんは近くで採ってるから、何かあったら『おーい』って呼ぶんだよ」って言って、わざとせがれの声が聞こえないところまで離れるんだ。そうするとせがれは不安になって、自力で母親を探すだろ。ただもう、母親を見つけたい一心で崖を移動する。そうやって自力で覚えさせた。これがもし、「こういう風にすればいいんだよ」って言葉で説明したとすると、頭で考えるから落ちるんだね。私は80歳で山登りを引退したけど、今ではせがれも嫁も、スイスイ登って岩茸を採ってくるよ。

この一家は天狗か仙人か武井壮か……といった感じですが、名人でないと採取不可能なこの岩茸が、民宿すぎの子では天ぷら、酢の物・ゴマ和え、お寿司などでいただ

キノコや山菜、川魚やジビエなど、四季折々の地元の食材がいただけます

くことができます。ご主人の義彦さんからも、次のようなお話をいただきました。

この美味しさを伝えたい！

宿のお客様には、やはり山に来られたからには天然の山の幸の美味しさを知っていただきたいので、自ら山に入り、美味しい旬の山菜などを採ってきて手作りでお出ししています。春は天然のタラの芽・コゴミ・コシアブラ・ワラビ・モミジガサなどの味は、一度食べたら忘れられない味です。この美味しさを伝えたい！　というその思いで営業しています。

夏になると、子供たち向けに昆虫採集体験付きの合宿もあり、秋には素晴らしい奥秩父の紅葉を堪能していただきながら、珍しい茸料理や、自家製味噌を使った猪鍋や季節の鍋を提供しています。冬は幻のお餅といわれている栃餅を作ってお出しするなど、心のこもった手作りの郷土料理でおもてなしいたします。岩魚の骨酒も人気です。

私も初夏に伺った際、今回は食事だけでしたが、季節が変わるごとに訪れたい！と思うほど、鮮烈な山の幸をいただきました。林間学校に行ったような、どこか懐かしい感じがする、私にとっての一流の宿――。

女将さん自家製の昔ながらの梅干しも、最近の赤すぎたり甘すぎたり柔らかすぎたりという不自然な梅干しとは違い、適度な塩味と酸味で果肉が引き締まっていて、もうこれ以外の梅干しは要らないというほど好みの味でした。秩父に買い出しに行かないと！

茅葺の宿　民宿すぎの子
埼玉県秩父市荒川上田野1743－1
TEL：0494－54－0963
URL：https://suginoko-sato.jp

義彦さんが4年がかりで屋根を葺いた古民家の宿

「究極のおもてなしは、何もしないこと」

天空の寺　大陽寺　住職　浅見宗達さん

神々の里、三峰のさらにその奥に、天狗が住むといわれた秘境があり、そこには、人間の世界にいることさえ、忘れてしまいそうな光景が広がっています。

ここ奥秩父の大陽寺は、鎌倉時代、後嵯峨天皇の第三皇子が仏門に入り開山したという由緒あるお寺で、700年前に作られた仏像もあります。途中何度か閉山され、現在の建物は江戸時代の建立で、現住職の浅見宗達さんは、お爺様の跡を継ぎ、27代目となって、ここで宿坊を営んでいらっしゃいます。

目に見えない力を感じる

基本的に、何も余計なことをしないことが、おもてなしです。大陽寺の目の前の

自然そのものが、おもてなしなのです。最小限の会話を交わして、あとはご自身で感じていただく。お客様の背景など、触れてはいけない会話は一切しません。

プライベートに立ち入ったり、年齢、お連れ様との関係性、結婚しているかなど、お寺には、何か問題を抱えていらっしゃる方も多く来られますので。先方から聞かれたことにはお答えしますが、こちらから質問は致しません。人は気分を悪くしたら、心を閉ざしてしまい、何もコミュニケーションが取れなくなってしまうのです。

通常は、15人から20人の方がお寺に泊まられます。海外からの訪問者も多く、フランスやイタリアの方は特に、この寺の侘び寂び感を気に入られてよく来られます。外国人の方にも、ペラペラその国の言葉で話しかけるというのもしません。逆にやられたら、不自然なものでしょう。

お客様の特徴は2種類あり、リピーターで毎月いらっしゃり、3年ぐらい続けて何かを悟られる方と、一度きりの方です（笑）。定期的にヨーガのスクール「山ヨガ」が行われていることもあって、女性一人の参加者も多いです。

15年前、私が大陽寺を再開山した時、今のようにHPなどでPRしていなかったので、1年ぐらいは宿坊に誰もお客さんがいらっしゃいませんでした。

ある日突然、30代のヒッピー風の男性が一人、山奥まで徒歩で訪ねて来られました。とても驚きましたが、初めてのお客様なので嬉しくて、料理もあるものでこしらえたのですが、普段の倍の量をお出しして、精一杯おもてなしさせていただきました。写経も読経も座禅も体験していただき、庭の自然を眺め、夜は星空を眺めながら、露天風呂を楽しんでいただきました。そのお客様はバックパッカーで、世界中を旅している人だったので、世界中の自由な旅の話などを聞きました。とても楽しく、有意義な時間でした。宿泊代もちゃんとお支払いただきました（駄目なら仕方ないと諦めていました。この時だけは、自分もあるものを出していたので、損をしているとは思いませんでしたから）。

仏教でいう布施とは、自分のあるものを全て差し出すという意味です。基本的にお坊さんは、手元に何も置かないものです。その方が帰られた後、なぜかポツポツとお客様が増えてゆきました。「もしかしたら、あの人は神様だったのかなぁ」とも思うのです。この山にいると、不思議な力、目に見えない力を感じ、あらかじめ自分に準備されていた世界だと感じます。

江戸時代に建てられた本殿の周囲には民家がまったくなく、携帯電話も圏外。聞

江戸時代に建てられた歴史ある本堂で写経や座禅を体験

朝夕の精進料理は浅見住職の手づくり

こえてくるのは清流の音と小鳥の鳴き声。大自然の恵みを満喫できる露天風呂から見上げるのは満天の星空です。

殻の中の世界に固執しない

大陽寺の座禅は、天空の寺で、究極の自然体を目指します。もちろん、座禅には作法があり、また、歴代祖師の教えがあります。最低限必要と思われることはお伝えしますが、そうした本で勉強するような頭でっかちな座禅は、大陽寺の座禅の考え方にはありません。

ここで大切なことは、人間社会の中で形成された自我（これまでの自分。これが自分なんだと思い込んでいた自分）というものが、本当は自分の一部分でしかないということに気づくこと。大自然を前に、自分の殻の中の世界より、殻の外の世界の方が何千倍も広いということに気づくこと。そして自分の殻の中の世界に固執しないこと。

要するに、殻の中の自分というものが今までの自分であったのだけれど、ここで座禅をしていると、殻の外の世界が自分になっていく。そして、いままで自分の内から外の世界を見ていたように、外の世界から自分というものを見ることができるようになってくる。その時初めて、自分というものがいかにちっぽけなものか、そして、いかにどうでもいいことに悩んでいるのかが分かってくると思う。

とにかく、構えず、真っ白な紙を一枚用意する位の軽い気持ちで臨んでほしい。その一枚に自らの手で絵を描くのではなく、殻の外の世界と一体となった自分に何かを描いてもらうような気持ちで臨めばいいと思います。

21世紀という時代からはるかにかけ離れた場所で、ゆったりとした時間に身をゆだねていると、自分の心を覆い尽くしているしがらみだとか、余分な考えだとかが遠い世界の出来事なんだということに気づいていく。人間社会の中では精一杯背伸びして生きている自分であっても、ここでは全くその必要性がないということもわかる。

飾らない、ありのままの自分がいかに素晴らしいかということを、皆さんに気づいてほしい。目の前に広がる、雄大な自然を先生にして、テキストにして学ぶという究極の自然体。これこそが大陽寺を700年間支え続ける禅の考え方。ここで背伸びしても、逆に自分を卑下してみても全く意味のないこと。等身大の自分でいることの大切さ。山中を静かに流れる風に心を開いていると、そうした考え方がスーと入ってくるのを感じられると思います。

お寺の修行とは、肩肘張らずに構えないで、普段都会で身にまとっている鎧(よろい)を脱ぎ、自然体で「自由でいいんだ。楽にしていいんだ」と、言葉より、感じるものが大切です。全てのものから離れて、何ものにもとらわれない。禅とは、積み上げて崩す、という作業です。そして、心を剥がす作業なのです。取材後、私と浅見さんはお友達になりました。

天空の寺　大陽寺（完全予約制）
埼玉県秩父市大滝459
TEL：0494-54-0296
URL：http://www.taiyoji.com
※お一人様1泊9500円から（座禅・写経・朝夕食付き）
ヨガについては不定期開催ですので、HPをご確認ください。

浅見さんと、山で親とはぐれたため
赤ちゃんの時から育てた鹿「クリン」

一流の大人のたしなみ二十カ条

1 究極のホスピタリティは、相手に寄り添うことだと心得る。本当の贅沢とは、ゴージャスさではなく心のゆとり

2 よいサービスを受けたら素直に喜ぶ。ホスピタリティという心を受け取る。サービスは有料、おもてなしは無料＝ホスピタリティと心得る

3 あげるより、もらい上手の方が、人生お得なことがたくさんある。コレ、本当！

4 一流の環境に身を置くことは、信用されると同時に、普段会えないようなグレードの高い人と知り合うチャンスに恵まれる

5 第一印象は服装で、人は20秒、女性は0.8秒であなたを判断する。制服でない限り、人は大体見かけによる。内面が外見のセンスに現れる

6 男性はレディファーストを身につけて株を上げる。女性より早く食べないこと。女性は男性のプライドを守りつつ、負担を軽減するよう心がける

7 声は甲高くなく低めで。落ち着いたゆとりのある立ち振る舞いを心がけること。T

8　ＴＰＯに合わせた身なりで、背筋を伸ばしてコミュニケーションすること

9　店を気に入ったら、最初にサービスを誉め、すぐに裏を返す。３度目で馴染みになる

10　レストランでは、一番奥の、全体が見渡せる場所が特等席。店の中央テーブルに案内されたなら、華があるその日のスター！

11　会食は各ジャンル、馴染みのネイバーフットレストラン（近所の店）を持っておく。黙って季節のものを出してくれるようになれば一人前

12　郷に入れば郷に従い、むやみに仕切ったりしない。馴染み客になっても生意気にならず、常連面を見せない

13　長居は無用。混んできたらサッと立って新しい客に席を譲り、去り際がいいのが常連の幅。銀座のクラブの椅子は、浅くできている（止まり木）。同伴してオープンからラストまでなんてとんでもない

料亭や花柳界でも一見さんお断りばかりの店ではない。ＨＰがある場合は勇気を出して問い合わせてみる。紹介者がいない場合はクレジットカードのサービスを頼るのも手

14 お金に綺麗な、気前がいい客になる

15 舞妓、芸妓遊びには心得と粋が必要。余興に集中すること

16 飛行機1万メートル上空では、アルコールが3倍早く回ると注意せよ

17 断る時はNo!ではなく、No thank you.と、肯定的に答える

18 お店側がミスをしてしまった場合「私でよかったですね」とねぎらう

19 何事にも、明るく陽気にユーモアを持って！

20 流行や「いいね！」の数だけで判断するのは小さい小さい！　そう思って、グルメ自慢などしないで、身銭を切って遊ぶこと

おわりに

前代未聞の新型コロナウイルスの影響で、現状回復は来年も厳しい状況で、数年単位で時間がかかるとも言われています。元通りにはならないだろうという予測もされています。

この本の執筆中、そんな生きづらい生活の中で、一番感動したのは、2020年7月からレジ袋が有料化されたのを機に、メルカリでエコバッグを注文した時のこと。リボンシールが貼られ、綺麗にラッピングされ他に髪留めのおまけまでついて、「世の中、コロナコロナで大変ですが、ご自愛くださいませ」と、心温まるメッセージカードが添えられていました。感謝するのは私の方なのに、それだけで不安だった毎日を気分よく過ごすことができました。

皆ストレスが溜まり、疲れてきているので、一歩外へ出ると不寛容な世の中になりつつありますが、親切な人もいて小さな感動もあり、世の中まだまだ捨てたものではないと感じました。

これからは、世の中の全てがオンライン化される方向へ行きますが、逆に効率を追求した時代から、再び手間暇かけることに戻り、知識よりも知恵が重要視され、自分のために時間を使ってくれたことにありがとう、と感謝する仕事が求められるでしょう。

ワンランク上を目指すのもいいですが、スタンダードでも、心身共に快適であることの方が大切です。コロナで変わる暮らしにより、友人や、家族で過ごす時間が大切にされます。

マナーは形ではありますが、そこに心を入れればそれは品格になるのです。今後はサービスのあり方も示し方も当然変わってくるでしょう。

縁とは、お互いが両岸にいて、どちらかがロープを投げ、相手がそれを受け取り、それをまた返すことで初めて成立すると、私は考えます。せっかくの出逢いならば、きちんと丁寧にやりたい――。

サービスもこれと同じで、本質が再び問われる時代になってきたように思います。皆、不安で孤独でさみしいことも大変なのも、今は同じ状況なのですから、お互いの心に寄り添って、暮らしてゆきたいものです。

最後に、コロナ禍中にもかかわらず、快く取材に応じてくださった方々に、心より御礼を申し上げます。発刊まで温かく見守ってくださった皆様との長年のご縁には、感謝しかありません。

この本を手に取って読んでくださった若い方々や、サービスに関心のある方が、様々な場所へ出掛けられる日が1日も早く訪れますように。お役に立てれば幸いです。

マイプレジャー！

2021年6月

柘（つげ）いつか

謝辞（敬称略・五十音順／肩書は2021年6月時のものです）

青木匡光（経営コンサルタント）
肥土伊知郎（株式会社ベンチャーウィスキー 秩父蒸留所 代表取締役社長）
・吉川由美（同・ブランドアドバイザー）
浅見宗達（天空の寺 大陽寺 住職）
阿部泰年（『ザ・カハラ・ホテル&リゾート横浜』ディレクターオブコンシェルジュ）
・川合 彰（『エクシブ有馬離宮』料理部支配人）
池 マリヤ（『マリヤ』オーナーママ）
遠藤茂行（映画プロデューサー）
小尾優海香（パルムリゾート秩父 オーナー）
笠原将弘（『賛否両論』オーナーシェフ）
神谷 修（株式会社銀座三河屋 代表取締役社長）
川上清人（西武鉄道株式会社 執行役員広報部長）
川村龍夫（株式会社ケイダッシュ代表取締役会長）

菅野沙織（レブロン株式会社　代表取締役社長）
北原照久（株式会社トーイズ代表取締役／北原照久のおもちゃ博物館　館長）
木村瀬平（木瀬部屋親方）・德勝龍　誠（大相撲力士）
隈　研吾（建築家）
呉　明輝（株式会社皇漢薬品研究所　代表取締役社長）
小林真由美（株式会社三井コスメティックス　代表取締役社長）
菰田欣也（『ファイヤーホール４０００』『４０００ Chinese Restaurant』オーナーシェフ）
佐藤　公（株式会社イベント工学研究所　代表）
塩谷崇之（秩父今宮神社　宮司）
塩谷信幸（ＮＰＯ法人アンチエイジングネットワーク　理事長）
紫舟（書家・芸術家）
菅原智美（一般社団法人エメラルド倶楽部　代表理事）
柘　恭三郎（株式会社柘製作所　代表取締役会長）
永井松美（永井酒造株式会社　取締役）
中島好美（札幌トヨタ自動車株式会社　代表取締役社長）

長嶋一茂（タレント・スポーツキャスター・俳優）
名倉民子（理学療法士）
西山和弘（JR両国駅　駅長）
丹羽祐而（株式会社丹羽企画研究所　社長）
樋口純一（日本橋弁松総本店　代表取締役社長）
平井要子（株式会社東新アクア『両国湯屋江戸遊』代表取締役）
福井宗珠（遊神堂「ゆるりと茶の湯」主宰）
豊　剛秋（宮内庁　雅楽師）
保坂義雄（柏たなか病院　透析センター長）・宗子
細川貴志（『江戸蕎麦　ほそ川』店主）
細田　眞（株式会社榮太樓總本鋪　代表取締役社長）
本城征二（日本ミシュランタイヤ株式会社　執行役員）
松原京美（東京エムケイ株式会社　代表取締役社長）
宮崎テル子・義彦（茅葺の宿　民宿すぎの子　オーナー）
武藤真紗世（ソル・エ・テラ　オーナー）

森川　亮（ＣＣｈａｎｎｅｌ株式会社　代表取締役社長）
山田トモミ（ＳＮＳコンシェルジュ）
株式会社　ワイン王国

■制作協力
車　浮代（江戸料理・文化研究所　代表）
笠間裕之（シナリオライター）
関パウロ浩幸（コーディネーター）
どるたん（ＷＥＢクリエイター・音楽家）

カバー・本文デザイン――長坂勇司

一流のサービスを受ける人になる方法　極

著　者――栢いつか（つげ いつか）

2021年　6月20日　初版1刷発行

発行者――鈴木広和
組　版――堀内印刷
印刷所――堀内印刷
製本所――ナショナル製本
発行所――株式会社 光文社
東京都文京区音羽1-16-6 〒112-8011
電　話――編集部(03)5395-8282
書籍販売部(03)5395-8116
業務部(03)5395-8125
メール――chie@kobunsha.com

ISBN978-4-334-78791-2　Printed in Japan

78751-6
tい17-1

いつか

一流のサービスを受ける人になる方法

◎デキるウエイターがテーブル担当につく◎特別なパーティの招待状が届く…お金で買えないサービスは、ちょっとした工夫とコツで受けることができる。VIPのマナーをこの1冊で!

720円

78760-8
tい17-2

いつか

新版 成功する男はみな、非情である。

成功する男には共通点がある—それは、「非情」であること。10代の頃から大物の傍らで、成功の舞台裏を見つめてきた著者が記す、真の成功者が語った新しい時代の「帝王学」の記録。

700円

78217-7
aい3-1

伊東(いとう) 明(あきら)

ビジネス・人間関係を制す最終兵器

「聞く技術」が人を動かす

「話術」よりも「聞く技術」。カウンセリング、コーチング、社会心理学、コミュニケーション学に裏付けされた技術をすぐに使えるように解説した本書で、「話を聞く達人」に。

620円

78591-8
aい3-3

伊東 明

人を惹きつけ、動かす「ビジネス心理学」

「人望」とはスキルである。

人望のあるなしは、才能や性格によって決まるのではない。誰でも学び、伸ばすことのできる技術(スキル)なのだ。人を惹きつける心理学的テクニックを、豊富な例で指南。

720円

78317-4
bい6-1

井上(いのうえ) 靖(やすし) 監修

私の古寺巡礼(一) 京都Ⅰ

知恩院(梅原猛)、東寺(司馬遼太郎)、東福寺(大岡信)、醍醐寺(井上靖)など、文人著名人が古寺を訪れ、その魅力を存分に語る珠玉のエッセイ集。 (序文・梅原 猛)

680円

78322-8
bい6-2

井上 靖 監修

私の古寺巡礼(二) 京都Ⅱ

再び京都へ。天龍寺(水上勉)、高山寺(井上靖)、大徳寺(有吉佐和子)、仁和寺(山本健吉)、鞍馬寺(遠藤周作)、三千院(瀬戸内寂聴)、延暦寺(安岡章太郎)など。

680円

78721-9
tい11-2

今尾恵介（いまお けいすけ）

番地の謎

「そもそも番地とはなにか？」「どんな順番で並んでいるのか？」など、〝住所〟の知られざる仕組みを、興味深い実例を紹介しながら徹底分析した一冊。『住所と地名の大研究』改題。

820円

78605-2
tい10-1

井村雅代（いむら まさよ）
松瀬学（まつせ まなぶ）

あなたが変わるまで、わたしはあきらめない

努力する心の育て方

「駄馬を名馬に変えるのが、コーチの仕事です」――。出場した全オリンピックでメダルを獲得したシンクロナイズドスイミングの世界的指導者が、コーチングの肝を語りつくす。

700円

78376-1
bい9-1

岩城宏之（いわき ひろゆき）

岩城音楽教室

美を味わえる子どもに育てる

「今日のピアノの音はきれいね」「今日は楽しく聞こえるわ」。母親が子どもを褒める言葉はそれでいい。ワクをはずして、もっと楽しもう！世界的指揮者の音楽実践哲学。

571円

78584-0
tい9-1

岩﨑信也（いわさき しんや）

蕎麦屋の系図

江戸食を代表する粋な食べ物・そば。幕末の江戸には四〇〇〇軒近くのそば屋があったとか。江戸・明治・大正から連綿と受け継がれる老舗そば屋の系譜を辿り、その伝統を顧みる。

740円

78729-5
tい14-1

岩瀬幸代（いわせ さちよ）

アユボワン！ スリランカ

ゆるり、南の島国へ

文庫書下ろし

心と体を整えるアーユルヴェーダ、仏教遺跡、バワ建築と星占い、そして美しい海…。旅のコーディネートも手掛ける著者が、ガイドブックに載らない、スリランカの魅力を教える。

800円

78561-1
tい6-6

インフォペディア 編

ここまで分かった！ 世界の七不思議

文庫書下ろし

バミューダ三角地帯の謎がついに明らかに!? 雪男イエティのDNA鑑定結果は!? 最先端の研究によって新事実が判明しつつある世界のミステリー。その最新情報を一気に解説！

700円